2% 부족한 당신의 학습전략을 아름답게 완성시켜줄

자기주도학습의
기술

2% 부족한 당신의 학습전략을 아름답게 완성시켜줄

자기주도학습의 기술

이종호 지음

The Art of
Self-Directed
Learning

지식공감

사랑하는 나의 부모님께

　불편하고 안타까운 일이지만 학생의 상당수는 인생의 가장 꽃다운 나이에 학습하는 즐거움을 경험하지 못하고 시험과 과제에 휘둘리며 힘겨운 학교생활을 이어나간다. 학교에 다니는 뚜렷한 이유와 목적 없이 오로지 스펙을 쌓아 취업 준비만을 위해 노력하기 때문에 높은 학점을 받는 것에는 지대한 관심을 가지나 새로운 지식을 습득하는데 있어서는 그렇게 열정적이지 않다.

　당신은 학교에 다니면서 이미 많은 교수자와 다양한 과목을 접해 보았으며, 일관적이지 못하고 비효율적인 학습 방법이 얼마나 치명적인지 잘 알고 있을 것이다. 그러나 아이러니컬하게도 당신에게 학습을 어떻게 해야 하는지 가르쳐준 사람이 없었을 것이고, 학습을 잘하고 싶은 마음과 결과의 차이가 너무 커 어디서부터 무엇을 시작해야 하는지 갈피를 못 잡고 방황한 적이 있을 것이다. 배우고자 하는 마음은 인간이 가지고 태어나는 것 중 하나이지 만 그 마음만 가지고는 학교에서 학습을 잘하기엔 역부족이다. 비효과적인 학습방법은 당신을 쉽게 지치게 하고, 만성 피로와 우울한 마음을 가져다준다. 학습에 대해 잘못된 생각과 태도는 잘못된 목적과 전략으로 이어져 이미 어려운 학교생활을 더욱더 어렵게 만드는 주범이 된다. 만약 당신이 학습하는데 많은 시간과 노력을 투자하고 있지만 원하는 성적을 거두지 못하고 있고, 항상 잠이 부족하여 수업시간을 수면시간으로 사용하고 있으며, 시험에 대한 두려움 때문에 즐거운 생활을 누리지 못하고 우울한 마음으로 학교에 다니고 있다면, 이 책은 분명 당신을 위한 책이다.

우수한 학생은 더 많은 지식을 더 짧은 시간에 습득하고, 더 높은 점수를 받으며, 학습과정 전반을 즐긴다. 비효율적으로 많은 노력을 투자하는 자는 이렇게 전략적으로 학습을 즐기는 자를 당해 낼 방법이 없다. 이 책은 우수한 학생이 되기 위해 필요한 기술, 방법, 전략 그리고 선결 요건을 소개한다. 학습이 어려운 학생을 우수한 학습자로, 이미 우수한 학생을 최고의 학습자로 만들어 주고자 저자는 이 책을 집필하게 되었다.

그러나 이 책을 읽는 것만으로 갑자기 큰 변화가 생길 것이라는 막연한 기대는 금물이다. 저자가 제시하는 학습방법을 그대로 사용하는 것도 바람직하지 않다. 그보다는 당신만의 독특한 요구와 학습스타일을 파악하여 자신에게 맞는 효과적인 방법을 찾아 실전에 적용하는 것이 더욱 중요하다.

삶의 변화를 추구하기 위해서는 먼저 당신이 익숙해 있는 침체와 매너리즘으로부터 탈출해야 한다. 그러기 위해서는 용기를 가지고 첫발을 내딛는 것이 필요하다. 잘못된 학습 습관을 좋은 습관으로 대체하고, 최적의 학습 전략을 세우며, 용기를 가지고 첫발을 내딛는 당신에게 이 책이 조금이나마 도움이 되었으면 한다. 학습에 드는 시간은 반으로 줄이되, 학습의 양과 그로 인한 성과는 두 배가 넘는 놀라운 경험을 체험하길 진심으로 바란다. 당신에게 학습 방법을 개선할 수 있는 힘이 있다면, 한번 주어진 당신의 소중한 삶도 충분히 개선해 나갈 수 있을 것이다. 당신은 잘할 수 있다. 자기 자신을 굳게 믿고 절실히 원하는 것을 향해 전력 질주하는 당신을 응원한다.

CONTENTS

2 Chapter **Two** 학습으로 진입하는 기술

062. 머릿속에서 맴도는 생각을 파악하자_93
063. 어지러운 환경은 집중과 거리가 멀다는 사실을 잊지 말자_94
064. 선의의 경쟁은 좋은 자극제가 될 수 있다_95
065. 어디서부터 무엇을 어떻게 해야 할지 모를 때_96
066. 책의 도입부는 정독해야 한다_97
067. 삶을 스마트하게 바꾸기 위해 읽는 책_98
068. 자신감이 생길 때_99
069. 작은 파트로 나누어 공략하자_100
070. 학습을 최우선으로 두는 습관을 가져야 한다_101
071. 인터넷에서 얻을 수 있는 것은 생각보다 많다_102

3 Chapter **Three** 과제에 필요한 기술

072. 학교에서 과제를 하자_105
073. 오피스아워를 당신의 시간으로 활용하자_106
074. 결과에 대해 예측해 보는 습관을 갖도록 하자_107
075. 자신에게 꼭 맞는 학습 방법을 찾아 스마트하고 효과적으로 학습하자_108
076. 우선순위를 정하여 과제를 해 나가자_109
077. 과제를 완전하게 마무리하고 잠자리에 드는 습관을 가지자_111
078. 푹신한 침대와 소파는 잠을 부른다_112
079. 어려운 과제로 어려워하지 말고 도움을 구하자_113
080. 새로운 것을 시도하여 돌파구를 찾자_114
081. 먼저 과제에 필요한 모든 것을 준비하자_115
082. 기억을 필요로 하는 중요한 정보는 잠자기 바로 직전에 학습하자_116
083. 시간을 정확하게 파악하자_117
084. 과제는 학교에서 자기계발은 집에서_118
085. 식사를 거르지 말자_119
086. 모호한 질문보다는 구체적으로 질문을 던지자_120
087. 자신과의 약속을 지켜나가야 자신감이 생긴다_121

Chapter **Six**   시험 준비를 위한 학습 기술

Chapter **Seven**   좋은 인상을 남기는 기술

CONTENTS

"Live as if you were to die tomorrow.
Learn as if you were to live forever."

- Mahatma Gandhi -

Part One

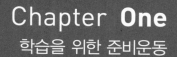

Chapter One
학습을 위한 준비운동

Learn from yesterday, live for today, hope for tomorrow.
The important thing is not to stop questioning.

— Albert Einstein —

효율적으로 학습이 이루어지는
시간대와 장소를 찾는다

효율적으로 학습이 이루어지는 시간대가 있다. 아침을 선호하는 학생도 있고 새벽을 선호하는 학생도 있다. 혼자 해야 학습이 잘 되는 학생도 있고 친구들과 같이해야 학습이 잘 되는 학생도 있다. 소음과 완전히 차단된 공간에서만 집중이 가능한 학생도 있고 음악이 있어야 집중이 잘 되는 학생도 있다. 중요한 것은 당신이 어떤 환경에서 최적의 학습이 이루어지는지를 명확하게 파악해야 한다는 점이다. 효율적으로 학습이 이루어지는 시간대와 장소를 찾아내는 것이 우선이다.

학습은 뇌를 사용하며
많은 에너지를 소비하는 운동이다

아무리 감량을 절실히 원한다고 해도 쉬지 않고 뛰는 것은 불가능하다. 왜냐하면, 주어진 에너지가 한정적이기 때문이다. 학습은 뇌를 사용하며 많은 에너지를 소비하는 운동이다. 학습에 대한 의지가 아무리 강하라더라도 쉬지 않고 계속해서 학습하는 것은 불가능하다. 그렇기 때문에 뇌가 피곤하지 않도록 학습 중간 중간에 휴식을 취해야 한다. 가벼운 운동이 지적 능력 향상에 도움이 된다는 것은 이미 잘 알려진 사실이다. 몸과 마음이 피곤하면 만사가 귀찮아진다. 피곤하면 휴식을 취하고 재충전하는 것이 필요하다.

스트레스 완화에
도움이 되는 냄새와 향

　시험을 준비하다 보면 스트레스가 쌓이기 시작한다. 스
트레스를 받기만 하고 제대로 풀지를 못하면 발생하는
문제를 피하기 어려워진다. 효과적인 스트레스 완화 방법
중 하나는 풀 냄새를 맡는 것이다. 잔디를 깎을 때 나는
냄새를 맡으면 스트레스 완화에 도움이 된다. 만약 잔디
가 근처에 없다면 라벤더 향이나 로즈마리 향을 맡는 것
도 마음을 가라앉히고 스트레스를 완화하는 데 많은 도
움이 된다.

오메가3 지방산은 불안한 마음을
가라앉히는 데 도움이 된다

오메가3 지방산이 다량 포함된 음식을 섭취하는 것은 큰 시험을 앞두고 불안한 마음을 가라앉히는 데 많은 도움을 준다. 주로 고등어, 참치, 삼치, 청어, 연어, 꽁치 같은 등 푸른 생선이나 호두, 검은 콩 같은 견과류에도 오메가3 지방산이 풍부하다.

밤샘 공부의 유혹에
빠지지 말자

시험을 앞두고 암기해야 할 것이 많은 학생은 밤샘 공부의 유혹에 쉽게 빠지게 된다. 그러나 아무리 밤을 새우며 학습을 하더라도 좋은 결과를 장담할 수는 없다. 수면 부족은 오히려 스트레스를 가중시켜 뇌가 최상의 성과를 창출하는 데 부정적인 영향을 미치게 된다. 지금까지 학습했던 것들이 헛수고가 되지 않도록 충분한 수면을 취하는 것이 현명한 선택이다.

학습에 대한
주인의식을 가져라

열심히 학습해야 취업할 수 있다는 막연한 생각만으로는 학습에 대한 흥미를 찾기 힘들다. 학습은 누가 시켜서, 마지 못해서, 당신의 의지와 상관없이 해야 한다는 의무감에 할 수 있는 행위가 결코 아니다. 궁금하고, 알고 싶고, 흥미를 느끼고, 관심이 끌리고, 재미가 있고, 내가 원하는 것을 학습하며 그 내용 자체에서 가치, 의미, 그리고 아름다움을 찾아야 학습이 즐거워진다. 누가 시켜서, 억지로 끌려가듯이 학습하는 것은 주인으로서 학습하는 것이 아니다. 학습에 대한 주인의식을 가져야 한다.

잠자는 시간을 학습하는 시간으로
대체하는 전략은 바람직하지 않다

충분한 수면은 효율적인 학습을 위해 반드시 필요하다. 정신이 초롱초롱해야 온전히 집중할 수 있으며, 주어진 일을 수행하거나 처리할 때 최소의 시간으로 최대의 효과를 거둘 수 있게 된다. 반대로 수면 시간이 줄어들면 줄어들수록 (특히 총 수면시간이 5시간 미만이라면) 정신이 혼미한 상태로 온전히 집중하는 것이 어려워지게 되고 주어진 일을 수행하거나 처리할 때 필요한 시간은 배로 늘어나게 된다. 사람마다 다르겠지만 최소 7~8시간은 자야 학습하는 데 무리가 없다. 잠자는 시간을 학습하는 시간으로 대체하는 전략은 바람직하지 않다. 쏟아지는 잠을 이겨낼 장사는 없다. 만약 수면이 부족하다면 학습하기 바로 직전 20분 정도의 토막잠을 청해보도록 한다.

학습하기 좋은
최적의 장소를 찾는다

학습하기 좋은 최적의 장소를 찾는다. 너무 편안하여 깊은 잠에 빠져들면 곤란하기 때문에 적당히 편안한 장소를 물색한다. 피곤할 때 침대 위에서 학습한다는 것은 누구나 예측할 수 있듯이 바람직한 판단이 아니다. 학습하는 장소는 비교적 조용한 곳이 좋다. 너무 시끄러워 집중이 어려운 곳은 피한다.

음악을 들으면서 학습할 때

음악을 들으면서 학습하는 것은 좋은 방법이 될 수도, 반대로 좋지 않은 방법이 될 수도 있다. 어떤 학생들은 소음 없는 상태로 학습하는 것을 선호지만 어떤 학생들은 음악을 들으면서 학습하는 것을 선호한다. 만약 당신이 후자에 속한다면 악기만으로 연주되는 음악(클래식, 뉴에이지, 영화 배경 음악)으로 종류를 제한하는 것이 바람직하다. 생소한 음악을 듣게 될 경우 뇌는 여러 가지 작업을 동시 다발적으로 수행하게 되어 학습에 온전히 집중하기 어려워지기 때문에 생소한 음악 보다는 익숙한 음악을 듣도록 한다.

지속적으로 에너지를
공급받는 것은 중요하다

    지속적이고 원활한 에너지 공급을 위해 학습을 시작하기 전 미리 간식을 준비해 놓는다. 배가 고파 더 이상 참을 수 없는 마지막 순간까지 기다리다 허둥지둥 간식거리를 찾는 데 시간을 낭비하지 않도록 한다. 그리고 시중에서 쉽게 접할 수 있는 에너지 드링크는 피하는 것이 좋다. 일시적으로 다량의 카페인 섭취로 인해 머리가 맑아지는 느낌과 피로가 풀어지는 느낌을 일시적으로 받을 수는 있지만, 효과가 없어진 후 에너지 고갈의 후유증으로 학습했던 정보들을 빠르게 잃어버리게 될 수 있고 잠을 자고 싶은 강한 욕구가 더욱 강해지기 때문이다. 천천히 그리고 지속적인 에너지를 공급받는 것이 중요하므로 배가 고플 때는 탄수화물이 풍부한 간식을 섭취하도록 한다.

체계적으로 노트 작성을 한다면
보기 좋게 안 꾸며도 상관없다

일단 노트 필기를 할 때 제일 중요한 것은 철저한 기록이다. 하지만 수업 내용에 대한 충분한 이해 없이 수업 내용을 기록하는 것은 학습에 별로 도움이 되지 않는다. 노트를 보기 좋게 꾸미지 않아도 괜찮다. 체계적으로 필기만 한다면 말이다. 나중에 집에서 충분히 해도 되는 (노트 꾸미기 같은) 작업에 몰두하여 정작 집중해야 할 소중한 강의를 소홀히 하면 안 된다. 수업 시간에 노트필기는 개략적인 초안이라고 생각하고 수업이 끝난 바로 직후 이 초안을 가지고 "완성본"을 만들도록 한다. 수업 내용에 대한 기억이 생생하면 생생할수록 미미하게 작성된 초안의 공백을 쉽게 채워 넣을 수 있다. 단순히 초안을 읽으며 기억을 더듬는 것보다 손으로 노트를 다시 작성하는 것은 기억에 큰 도움이 된다.

- 하나는 "초안" 작성을 위해 또 다른 하나는 "완성본"을 위해 두 개의 노트북을 준비한다.

- 컴퓨터 자판을 두드리는 것보다 손으로 노트 필기를 하는 것이 기억에 도움이 된다.

- 이해를 돕기 위해 다른 말로 바꾸어 표현하는 노트 작성을 연습한다.

학습한다는 것은
(이해를 중심으로)

안다는 것, 설명할 수 있는 것, 다른 사람을 가르칠 수 있는 것, 기존 지식에 새로운 지식을 연결할 수 있는 것, 발견할 수 있는 것, 기억할 수 있는 것, 암기할 수 있는 것, 핵심을 파악할 수 있는 것, 논리를 볼 수 있는 것, 작동 원리를 아는 것, 새로운 깨달음을 얻는 것, 추정할 수 있는 것, 새로운 환경에 적용할 수 있는 지식을 갖는 것이다.

학습한다는 것은
(기술을 중심으로)

어떤 것을 잘할 수 있는 것, 노하우^{Know-How}, 유창함, 절차와 과정을 능숙하게 하는 것, 효율을 높이는 것, 올바른 절차를 따르는 것, 아는 지식을 사용하고 활용하는 것, 지식을 삶에 적용하는 것, 요령을 습득하는 것, 손재주, 어떤 것을 더 잘하게 되는 것, 정보와 콘셉트^{Concept}를 융합하는 것, 배운 것을 기억하고 적용하는 것이다.

학습한다는 것은
(감정을 중심으로)

어떤 것이 좋아지도록 배우는 것, 집중하는 것, 영감을 얻는 것, 의욕이 높아지는 것, 즐거움을 찾는 것, 더 원하는 것, 연습을 원하는 것, 아는 것을 사용할 기회를 찾는 것, 어떤 것을 사랑하도록 배우는 것, 어떤 것에서 아름다움과 복잡성 그리고 예술성을 볼 수 있는 것, 어떤 것에 감사하게 되는 것, 자신감을 갖는 것, 어떤 것에 더욱 흥미를 갖는 것, 관점과 태도를 바꾸는 것, 어떤 것에 편안해지는 것, 주인 의식을 갖는 것, 새로운 느낌을 갖는 것, 흥겨움을 느끼는 것이다.

학습한다는 것은
(취미를 중심으로)

　자동적, 자율적으로 하는 것, 큰 힘을 들이지 않고 하는 것, 삶에 지식을 자유롭게 접목하는 것이다.

자기 자신을 경영할 때
반드시 필요한 것들

- 감정에 대한 인식 : 자신의 감정 상태를 잘 파악하고, 자신의 감정 상태가 타인에게 어떤 영향을 미치게 될지 잘 아는 것

- 정확한 자가 진단 : 자신의 장점과 단점을 아는 것

- 자기 확신 : 자신의 가치와 능력을 아는 것

- 감정 컨트롤 : 부정적인 감정과 일시적인 충동을 제어하고 관리하는 것

- 투명성 : 정직, 신뢰, 그리고 진실성

- 적응력 : 변화에 대한 유동적인 적응과 대처

- 성과 : 자신이 정한 높은 기준에 부합하는 성과물을 얻기 위한 최선의 노력

- 이니셔티브^{Initiative} : 기회를 잡고 행동으로 옮기는 결단

어디에 앉아야 하는가?

수업에 집중하고 적극적으로 참여하고 싶다면 수업에 열중하고 있는 학생 옆에 앉도록 한다. 뒷자리에 앉아 딴 짓하며 분위기를 흐리는 학생 옆에서 수업에 제대로 집중하기는 쉽지 않다. 같은 강의실에서 같은 수업을 듣고 있어도 어디에 앉느냐에 따라 완전히 다른 수업을 경험할 수 있다.

- 자리 선택의 자유를 주었을 때 앞줄을 선택한 학생들의 수업 참여도는 뒷줄을 선택한 학생들보다 높은 경향이 있다.

- 공부를 잘하는 학생들은 앞줄에 앉으나 뒷줄에 앉으나 좋은 성적을 유지하는 경향이 있는 반면, 공부를 잘못하는 학생들이 앞줄에 앉으면 성적이 향상되는 긍정적인 결과를 얻을 수 있다.

- 말굽 배치에서 교수자의 정면에 앉아 있는 학생들이 가장 적극적으로 수업에 참여하는 경향이 있다.

- 수업에 적극적으로 참여하는 학생들은 그렇지 못한 학생들보다 상호작용이 높은 자리를 선호하는 경향이 있다.

메타인지의 중요성

메타인지는 개인의 인지와 인지적 활동에 대한 지식과 조절을 말한다. 효과적인 학습을 위해서는 자신이 아는 내용과 모르는 내용을 확실히 파악해야 하고, 자신이 새롭게 배운 내용과 습득한 지식을 잘 이해하고 있는지를 항상 모니터링 해야 한다. 또한 새롭게 접한 정보가 자신이 알고 있던 기존의 배경 지식과 어떻게 연결되는지, 그리고 도전적인 문제를 해결하기 위해 어떤 추가적인 정보나 지식이 필요한지를 파악하며 학습하는 것이 중요하다.

019

다양한 메타인지 점검과
통제 방식을 알고 활용한다

여러 방식의 메타인지 점검과 통제 방식에 대해 학습한 후 주도적으로 이런 방법들(학습 계획, 전략 선택, 학습 프로세스 점검, 오류 수정, 학습 전략의 효과 분석, 학습 행동과 전략의 변경 등)을 시도해 본다. 자신의 사고 과정을 스스로 들여다보며 관리하는 능력을 키워나가고, 자기 생각, 주장, 의견에 대한 의문점을 제기하는 습관도 함께 가져 나가도록 한다.

교수자를 고민하게 만드는
대표적 문제

- 학생들의 바르지 못한 태도(무례한 행동과 에티켓)

- 무단 지각·무단결석, 수업 도중 나가는 행위

- 비판적 사고의 결여

- 무관심·무반응

- 낮은 학업 성취도, 수업 참여도, 마감 기한 무시

- 듣고, 말하고, 읽고, 쓰는 역량의 차이가 심할 때 (난이
  도 설정의 어려움)

- 수업과 교수자에 대한 학생들의 비생산적이고 감정적
  인 반응

- 낮은 사전 지식수준과 수업 준비 미비

- 수업 시간에 개인적인 일로 바쁜 학생들 (불필요한 스마
  트 폰 및 컴퓨터 사용)

- 부정행위

적극적인 학습은
온몸을 사용한다

야구 경기를 관람하듯 (교수자와 다른 학생들을 구경하며) 강의실에 앉아 있지 말고 온몸을 사용하며 (보고, 듣고, 쓰고, 말하며) 학습하도록 한다.

당신은 공부를 하고 있는가?
아니면 학습을 하고 있는가?

당신의 학습전략은 효과적인가? 고등학교를 졸업할 때까지 문제없었던 학습전략이 대학교에 들어온 후로부터 빛을 발하지 못하고 있는 이유가 무엇인가? 고등학교에서는 공부를해야 하지만 대학교에서는 학습해야 하기 때문에 당연히 전략과 방법도 바꾸어야 한다. 공부는 시험이나 퀴즈에 나올 만한 내용이나 정보를 암기하는 것이고, 학습은 정보의 이해와 마스터링Mastering이다. 학습을 해야 하는 대학교에서 열심히 공부하고 있으니 업데이트가 절실히 필요한 당신의 학습전략은 성공적일 수가 없다. 지금 당신은 공부를 하고 있는가? 아니면 학습을 하고 있는가? 매우 중요한 질문이 아닐 수 없다.

위기의 대학교 일학년 생활

대학교 일학년 생활은 새로 적응해야 할 것들로 가득하다. 고등학교 때 누릴 수 없었던 자유를 맘껏 누릴 수 있게 되지만 자신의 삶을 스스로 개척 해 나가야 한다는 부담감이 갑자기 어깨를 짓누르기 시작한다. 통제에 익숙하고 적응되어 있는 학생에게 갑자기 찾아온 자유는 낯설고 어색하기까지 하다.

일학년 학생은 대학교에서 요구하는 학습량을 과소평가하는 치명적인 오류를 범하기 쉽다. 오늘 해야 할 일을 내일로 미루는 습관을 가지게 되고, 평상시에 계획을 세워 체계적으로 학습하기보다 항상 시간에 쫓겨 다니고, 시험을 벼락치기로 준비하기 때문에 만족스러운 결과를 얻지 못하고 좌절하게 된다.

일학년 학생은 좋은 학습 습관이 만들어져 있는 상태가 아니고 고등학교 생활과 완전히 다른 대학문화에 익숙하지 않기 때문에, 더욱더 학점관리에 신경을 써야 한다.

교수자에게 학습에
도움이 될 만한 조언을 구하자

교수자에게 수업과 관련된 질문뿐만 아니라 노트 정리 잘하는 방법, 효과적이고 효율적인 독서 방법, 시간 관리 방법, 공부에 대한 동기부여 방법, 집중력 향상법, 스트레스 관리 방법에 대해서도 조언을 구하도록 한다.

교수학습개발센터의
문을 두드리자

학습하는 데 어려움이 있거나, 새로운 학습 전략이 필요하거나, 심리테스트를 통해 자신에 대한 이해를 높이고 싶거나, 친구들과 스터디 모임을 만들고 싶거나, 튜터가 필요하다면 교수학습개발센터에서 제공하는 다양한 학습 프로그램에 적극적으로 참여하도록 한다.

교수자의 명확한
기대치를 파악하자

학기 중 제출해야 하는 모든 결과물(에세이, 팀 프로젝트, 과제물 등)에 대해 교수자가 바라고 기대하는 수준과 평가 방법을 명확하게 파악하고, 자신의 결과물에 대한 질적 수준을 모니터링^{Monitoring}하여 교수자의 기대에 맞춰 결과물을 수정·보완하는 능력을 키우는 것이 중요하다. 또한, 시간과 에너지를 효과적으로 분배하기 위해서 과제를 단계별로 해 나가도록 한다. (예: 1단계→문헌 조사, 2단계→에세이 핵심 명제 설정, 3단계→에세이 아웃라인 작성, 4단계→1차 초안 완성)

건설적인 피드백으로
수준 높은 결과물을 만들자

교수자의 피드백^{Feedback}은 중요하다. 돌려받은 에세이 한구석 여백을 가득 채우고 있는 피드백을 읽어 보면 교수자가 요구하는 결과물의 수준과 교수자의 기대치를 어렵지 않게 파악할 수 있다. 또한, 당신의 학습전략이 이런 기대에 효과적으로 부합하는지도 진단할 수 있다. 학기 초에 미흡한 평가를 받았다면 교수자로부터 구체적인 피드백을 받은 후, 부족하거나 개선이 필요한 부분을 목표로 설정하여 남은 시간 동안 더 많은 노력을 기울여야 한다. 건설적이고 구체적인 피드백은 사고의 틀을 확장시켜주고, 학습결과에 긍정적인 영향을 미치는 투입요인이 된다.

학교에 다니는 이유와
학습하는 이유는?

상담하다 보면 학교에 다니는 이유를 모르는 학생을 어렵지 않게 만나게 된다. 당신이 학습하는 이유는 무엇인가? 많은 에너지, 시간, 돈을 투자하며 학교에 다니는 이유가 무엇인가? 취업을 위해? 낙오되지 않기 위해? 부모님의 기대에 부응하기 위해? 가장 아름다워야 할 이십 대의 시간 중 사 년이 당신에게 행복을 가져다주지 못한다면 이보다 더 큰 불행은 없을 것이다. 스스로 대학교에 다녀야 하는 이유를 보다 분명하고 선명하게 찾을 수 있도록 노력해 보자. 이유가 분명해야 목표가 생기게 되고, 목표를 달성할 때 필요한 강력한 실행력을 갖추게 된다.

당신에게 학습은
어떤 의미와 가치가 있는가?

학습이 당신에게 어떤 의미와 가치가 있는지 깊이 생각해 보고, 효과적으로 학습하는 방법을 찾을 수 있어야 한다. 오랫동안 책상에 앉아 있다고, 그리고 암기를 잘한다고, 학습을 잘한다고 말할 수는 없다. 학습한다는 행위와 한 번 주어진 소중한 삶과 그 삶을 살고 있는 주체인 당신이 서로 어떻게 연결되어 있는지 깊은 성찰을 해보는 것이야말로 지속적인 학습에 꼭 필요한 동력이 된다는 사실을 잊지 말자.

수동적으로 학습하는 학생의 특징

학습에 수동적인 학생이 있다. 자기주도적으로 학습하는 것이 아니라 노예처럼 억지로 마지못해 누가 시켜서 질 질 끌려가듯이 학습하는 것이다. 이들은 교수자, 부모님, 친구 그리고 상담자가 제시한 길을 무작정 걸어가거나 그들의 요구를 별생각 없이 따르는 데 익숙해져 있다. 큰 질문(무엇을 배워야 하고, 왜 그러한지)에 대한 답을 자기 자신이 아닌 타인으로부터 쉽게 얻기를 바란다. 이런 소극적인 태도는 학습 성취도, 지속 가능한 동기유발, 그리고 효율적인 학습에 반드시 필요한 집중력에 부정적인 영향을 미칠 수밖에 없다.

효율적으로
학습하는 방법을 터득하자

평생 학습해야 하는 당신은 전공지식뿐만 아니라 효율적으로 학습하는 방법도 함께 터득해야 한다. 그래야만 성장을 지속하고 행복한 삶을 영위할 수 있다.

문제를 제대로 파악하자

당신의 문제가 무엇인지 정확하게 파악해야 해결책을 찾을 수 있다. 문제를 제대로 파악하면 해결책은 저절로 보이게 된다. 문제가 무엇인지 모르는 상태에서 어떻게 해결책을 찾을 수 있을까? 철저한 문제의식으로 무장한 다음 당연하게 보이는 것을 당연한 것으로 받아들이지 말고, 정확하고 냉철하게 문제를 문제로 인식해야 한다. 그래야만 당신의 머릿속에 이미 가득한 최선의 솔루션으로 차근차근 문제를 풀어나갈 수 있다.

새로운 습관이 생겨야
진정한 학습이 이루어진 것이다

진정한 학습이 이루어지기 위해서는 태도의 변화가 선행되어야 하고, 배운 지식을 삶 속에 적용할 수 있어야 한다. 그래야만 새로운 습관이 생기게 된다. 이 사실을 정확하게 이해하여야 학습에 대한 생각이 더욱 깊어지고 자기 성찰이 가능해진다. 스스로 동기를 부여할 줄 알고 자기주도적인 학습을 하는 학생만이 좋은 학습성과를 기대할 수 있고, 대학생활도 성공적으로 마칠 수 있다.

습득한 지식을 온전히 당신의 것으로 만들기 위해서는

편하게 앉아서 교수자의 강의를 들으면 효과적인 학습을 기대하기 어렵다. 수업 내용을 가지고 서로 이야기해 보고, 글로 작성해 보고, 과거의 경험과 관련지어 보고, 실생활에 적용해 보아야 습득한 지식은 온전히 당신 것이 된다.

학습 동아리의 효과

학습 동아리를 만들어 친구들끼리 예상 질문지를 만들고 함께 학습하는 것은 배운 내용에 대해 깊이 생각해 볼 수 있는 계기가 되고, 대표적 주제와 다른 견해에 대한 비교를 가능하게 하며, 이론의 적용과 활용, 그리고 그 밖의 상위 사고 기술을 탐색하는 데 도움이 된다.

교과서나 학술논문이
어떤 구조로 되어 있는지 익숙해지자

교과서나 학술논문이 어떤 구조로 되어 있는지 익숙해져야 한다. 그러기 위해서는 목차, 도입 부분, 그리고 챕터^{Chapter}나 섹션^{Section}의 배치 등을 주의 깊게 살펴보는 습관을 가져야 한다. 길에 다양한 도로 표지판이 있는 것처럼 책 속에도 도로 표지판 역할을 하는 제목, 작은 표제, 그리고 이탤릭 체/볼드 체 등을 눈여겨보며 책을 읽어야만 하는 것이다.

목적을 가지고 책을 읽자

　효율적으로 책을 읽는 사람은 목적을 가지고 책을 읽는다. 중요하고 유용한 것을 책 속으로부터 찾아내기 위해서이다. 몇 가지 학습 질문이나 문제를 자체적으로 만들어 목적의식을 갖고 책을 읽어 나갈 수 있도록 한다.

습득한 지식은
실생활에 적용 시킬 수 있어야 한다

적극적인 학습이 일어나기 위해서 당신은 수업 시간에 배운 콘셉트Concept를 기존에 알고 있었던 콘셉트에 연결할 수 있어야 하고, 새롭게 습득한 지식을 실생활에 적절히 적용 시킬 수 있어야 한다.

수업과 연계된 봉사활동을 찾아
적극적으로 참여해 보도록 하자

봉사활동은 학생에게 다양한 학습(원활한 대인관계, 효율적인 시간 관리, 그리고 비판적 사고 기술 등)을 가능하게 해 준다. 또한, 봉사활동을 통해 성장하는 자신의 모습을 바라보며 학생은 행복감을 느끼게 되고, 지역 사회의 당당한 주인으로서 자신감이 높아지게 된다. 이와 함께 지역사회는 학생의 재능과 기술적 도움으로 소중한 혜택을 받을 수 있다. 학생에게 좋고 지역사회에도 좋은 수업과 연계된 봉사활동을 찾아 적극적으로 참여해 보도록 하자.

자기 효능감의 중요성

자기 효능감^{Self-Efficacy}이란 주어진 문제를 자신의 노력과 역량으로 성공적으로 해결할 수 있다는 자기 자신에 대해 믿음과 기대감이다. 높은 자기 효능감은 학습에 대한 몰입과 지속성을 가능하게 하여 학업 성취도를 높이는 결과를 가져다준다. 그 결과, 학습자 자신의 자신감을 되찾을 수 있다.

협동학습에 대한 부정적인 생각과 선입견은 버리도록 하자

학생은 협동학습 과정을 통해 주어진 과제나 프로젝트를 성공적으로 수행함으로써 자신감을 갖게 되고, 그 결과로 자신에 대한 만족감과 자존심이 고양된다. 또한 서로 도움을 주고받는 과정을 통하여 학습 내용에 대한 전문가가 되어 성적 향상과 함께 만족감을 느낄 기회가 늘어나게 되기 때문에 협동학습에 대한 부정적인 생각과 선입견은 버리도록 하자.

팀 프로젝트 전략

- 팀을 자율적으로 구성할 수 있다면 팀원의 성별, 학년, 전공, 학습 스타일, 성격 등을 고려한다.

- 무임승차를 줄이고, 프로젝트에 대한 책임감을 갖기 위해, 서로 담당 역할(회의록 작성, 의견 조율, 일정 및 연락망, 정보 수집 등)을 정한다.

- 효과적으로 시간과 에너지를 분배하여 팀 프로젝트에 임할 수 있도록 단계별로 과제(문헌조사, 핵심명제, 프로젝트 아웃라인, 1차 초안, 2차 초안 등)를 수행해 나간다.

- 선발된 팀장은 수시로 교수자에게 피드백을 요청한다.

- 각각의 팀원은 프로젝트 활동에 대해, 무엇을 학습하고, 일을 어떻게 분담하였는지 학습 일지에 기록으로 남기고 최종 결과물과 함께 교수자에게 제출하도록 한다. 학습 일지에는 날짜, 장소, 참석자, 학습 목표와 계

획, 내용과 과정, 과제 분담, 성찰 등을 포함시킨다.

- 다른 팀원과 자신의 학습 활동을 비교해 보고 학습태도를 성찰해 볼 기회를 얻도록 한다.

스마트하게 책 읽기

새로운 챕터^{Chpater}를 학습 할 때 소개^{Introduction}와 요약
^{Summary}을 먼저 읽은 후 본문을 읽어야 내용에 대한 이해
가 훨씬 수월해진다.

형광펜을 사용하거나 가장 중요한 포인트에 밑줄을 그
어 복습할 때 눈에 잘 띄도록 표시한다. 책의 가장자리
공백에 핵심 포인트를 요약하여 적어놓는다.

시험을 앞두고 시간이 별로 없는 상황이라도 미리 요약
해 놓은 핵심 포인트들을 중심으로 복습한다면 시험대비
는 충분할 것이다. 공공장소가 아니라면 요약해 놓은 핵
심을 소리 내어 읽는 것도 학습에 도움이 된다. 학습할 때
가능하면 모든 감각(시각, 청각, 촉각, 후각, 미각)을 사용하
도록 한다. 온몸으로 터득한 것은 머릿속에 오래 남는다.

학습한 내용을
다른 사람에게 가르쳐 보자

학습 내용이 머리에 쏙쏙 들어오지 않고, 요약한 내용이 머리에 남아 있지 않다면 제대로 학습한 것이 아니다. 자신이 제대로 학습하였는지 파악하기 위해서는 학습한 내용을 다른 사람에게 가르쳐 보면 된다. 가르치려면 알아야 하고 알아야 가르칠 수 있기 때문이다. 학습 내용을 전혀 모르는 주위 사람에게 주요 콘셉트나 핵심 내용을 설명해 주고 그들이 온전히 이해하는지 확인해 보자.

반복의 중요성

반복은 기술 습득의 가장 좋은 방법이다.

기억과 머릿속의 영화

기억해야 하는 콘셉트를 반복 재생한다. 머릿속으로 영화를 보듯이 말이다. 이때 모든 감각을 사용하여 세부적인 내용까지 묘사하고 상상한다. 머릿속의 영화가 리얼하면 할수록 기억에 오래 남을 것이다.

자신만의 학습지를 만들자

자신만의 학습지를 만들어라. 압축된 정보를 종이 한 장에 모두 적은 다음 가지고 다니면서 한가한 시간에 수시로 학습하도록 한다.

배움에 관심이 많은 친구와
함께 학습하자

각자 준비한 학습지와 예상 시험문제를 공유하고, 어려운 콘셉트를 순서를 정해 돌아가며 설명하는 시간을 갖도록 하자.

가장 어렵고
자신 없는 과목은 언제?

컨디션이 좋고 머리가 맑을 때 가장 어렵고 자신 없는 과목을 학습한다.

정보를 색과 연결해
기억에 도움이 되도록 하자

학습 내용을 정리하거나 요약할 때 다양한 색을 사용한다. 정보를 색과 연결하면 기억에 도움이 된다.

주의 집중을 방해하는
모든 것에 대처하는 방법

먼저 학습하는 장소를 깨끗이 정리한다. 그다음, 학습
하는 동안만이라도 이메일, 블로그, 트위터, 페이스북은
잠시 접어둔다. 접속하여 확인하고 싶은 욕구가 들더라도
과감하게 이겨내야만 시간을 효율적으로 사용하게 되고
정해놓은 학습량을 제시간에 달성할 수 있게 된다. 이와
함께 수면을 취할 수 있는 시간도 늘어나게 된다. 디지털
디바이스는 눈에 안 보이는 곳에 치워 놓고 학습이 끝난
후 자신에게 보상하는 차원에서 제한된 시간 동안만 사
용하는 습관을 갖도록 하자.

이 책, 저 책 펼쳐 두지 말고
한 책을 읽은 후 다음 책을 읽자

이 과목 저 과목을 넘나들며 학습하는 것은 바람직하지 않다. 한 과목을 마무리한 후 다음 과목으로 넘어가도록 한다. 책도 마찬가지다. 이 책, 저 책 펼쳐 두지 말고 한 책을 읽은 후 다음 책을 읽도록 한다. 다음에 읽어야 하는 책 때문에 지금 읽고 있는 책에 온전히 집중할 수 없게 되기 때문이다.

자신에게 반드시 보상을 해주자

학습 목표량을 달성했을 경우 자기 자신에게 반드시 보상(휴식시간, 간식 시간, 산책, 음악 듣기 등) 해준다.

강의계획서를
꼼꼼히 읽어야 하는 이유

강의계획서를 꼼꼼히 읽어본다. 대부분 교수자는 강의계획서에 수업 아웃라인^{Outline}, 다뤄질 주제와 스케줄^{Schedule}, 그리고 그 밖의 수업 관련 정보를(교재, 오피스아워, 연락처, 평가방법 등) 포함한다. 잘 작성된 강의계획서를 보면 어떤 스타일의 수업(교수법과 수업포맷)인지, 수업의 목적, 목표, 그리고 중요성은 무엇인지, 과제나 시험은 어떻게 평가되는지, 그리고 한 학기 동안 성공적인 수업을 위해서 무엇을 준비하고 얼마나 많은 노력을 기울여야 하는지가 명확하고 자세하게 나타나 있다. 만약 강의계획서에 명시되어 있지 않은 애매모호한 방법, 기준, 일정 등은 교수자에게 추가적인 설명을 요청한다.

게임에서 승리하기 위하여 기본적인 룰^{Rule}을 잘 알고 그 안에서 플레이해야 하는 것은 당연하다.

신중하게 수강신청을 하자

수강 신청은 신중하게 해야 한다. 그럴듯한 코스 타이틀과 막연한 기대감만으로 수강신청을 하는 것은 바람직하지 않다. 당신이 주목해야 할 것은 교수자의 역량과 스타일이다. 당신의 학습 스타일과 교수자의 티칭스타일의 매칭이 무엇보다 중요하다. 아무리 어렵고 힘든 과목이라도 교수자가 어떻게 가르치는지에 따라 쉽고 재미있는 수업이 될 수 있고 반대로 흥미롭게 보이는 과목이 인생 최악의 수업이 될 수도 있기 때문이다.

오늘 해야 할 일을
내일로 미루지 말자

스트레스를 완전히 없앨 수는 없지만 완화하기 위한 가장 효과적인 방법은 의외로 간단하다. 오늘 해야 할 일을 내일로 미루지 않는 것이다. 오늘 해야 할 일이나 오늘 하기로 작정한 일은 반드시 오늘 끝내야만 한다. 나중으로 미루면 미룰수록 당신에게 돌아오는 것은 부족한 시간, 불안감, 피곤함, 그리고 늘어나는 스트레스뿐이다.

근거 없는 자신감과
생각은 버리자

너무 편안한 상태로 학습에 임하면 쉽게 잠에 빠져들
수 있다. 푹신푹신한 소파를 피하고, 어느 정도 딱딱한
의자에 앉아서 학습하도록 한다. 쿠션이나 베개는 학습
에 도움이 되지 않기 때문에 가까이 두지 말고 반드시 필
요한 것만 책상 위에 올려놓도록 한다. 다가오는 시험이
어렵지 않을 거라는 근거 없는 자신감과 생각을 버리고,
긴장의 끈을 끝까지 놓지 말아야 좋은 결과를 기대할 수
있다.

나에게 가장 큰 위협이 되는
학습 장애물은?

내가 주도하는 학습의 가장 큰 장애물은

| | 이다.

학습보다 먼저 감정을 통제하자

학습이 어렵게 느껴질 때 가장 우선적으로 해야 할 일은 감정을 통제하는 것이다. 신경이 날카로운 상태로, 긴장한 상태로, 걱정이 많은 상태로 학습에 임하는 것은 사실상 불가능하다. 그렇기 때문에 먼저 통제불능 상태인 자신의 감정을 통제 가능 상태로 바꾸는 데 전념해야 한다. 만약 자신의 감정을 스스로 통제하는 것이 불가능하다면 학생상담센터의 전문적인 도움을 받아보도록 하자.

학습하는 장소는
학습하는 목적으로만 사용하자

학습하는 장소를 정하고 그 장소를 학습하는 목적으로만 사용한다. 조건반사적으로 그 장소에 들어가는 순간 학습에 대한 집중과 동기 부여가 자동으로 이루어질 만큼 말이다.

학습할 때는 확실하게 학습만 하자

당신이 온전히 집중할 수 있는 시간은 한정되어 있다. 책상에 오래 앉아 있으면 있을수록 집중하는 것은 어려워진다. 시간과 에너지의 낭비를 최대한 줄이기 위해서라도 학습할 때는 확실하게 학습하고 쉴 때는 확실하게 쉬도록 한다. 쉬면서 학습에 대학 걱정에 사로잡혀 있거나 학습하면서 쉬는 것에 대해 사로잡혀 있다면 당신의 시간과 에너지는 비효율적으로 사용 될 수밖에 없다는 것을 명심한다.

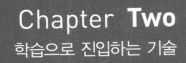

Chapter **Two**

학습으로 진입하는 기술

"One must learn by doing the thing, for though you think you know it-you have no certainty, until you try."

— *Sophocles* —

머릿속에서 맴도는 생각을 파악하자

먼저 당신의 머릿속에서 맴도는 여러 가지 생각이 무엇인지 파악해 보자. 노트에 모든 생각을 적어보고 문제가있다면 어떻게 문제를 풀어 마음을 편하게 만들지 실행계획을 세워 본다.

어지러운 환경은 집중과
거리가 멀다는 사실을 잊지 말자

학습하기 좋은 장소는 기본적으로 편안하고, 밝고, 통풍과 환기가 잘 되는 곳이다. 만약 당신의 방이 학습하는 주 장소라면 불이 꺼진 상태라도 무엇이 어디에 있는지 쉽게 찾을 수 있을 정도로 정리 정돈을 철저히 하여야 한다. 어지러운 환경은 집중과 거리가 멀다.

선의의 경쟁은
좋은 자극제가 될 수 있다

  남과 무작정 비교하는 것은 피해야 하지만 학습에 열의가 있는 동료 학생과 선의의 경쟁을 벌이는 것은 좋은 자극제가 될 수 있다. 경쟁자이기에 앞서 친구이기 때문에 유익한 정보, 도움, 그리고 피드백을 서로 주고받으며 윈윈^{Win Win} 할 수 있도록 열린 마음과 학습 태도를 유지하는 것이 중요하다. 질투심과 경쟁심은 다르므로 이들 간의 구분과 이해를 명확하게 한 후 경쟁자의 학업성취도, 노력, 그리고 성과물만을 도전으로 받아들이도록 한다.

어디서부터 무엇을
어떻게 해야 할지 모를 때

정신이 산만하고, 어디서부터 무엇을 어떻게 해야 할지 모를 때에는 무작정 책의 단락 중 하나를 골라 필사해 내려간다. 다른 곳에 팔려 있던 정신이 점차 학습으로 옮겨 오게 되는 효과를 경험하게 될 것이다. 책상에 앉아 무엇인가를 써 내려간다는 것은 결국 학습에 임하고 있다는 증거이다.

책의 도입부는 정독해야 한다

항상 책의 도입부^{Introduction}을 먼저 읽는다. 학습하고 싶은 마음이 내키지 않더라도 일단 착수한다. 도입부는 본문에 대해 간결하고 유익한 설명으로 가득하다. 책의 도입부를 읽으면 본문에서 다뤄질 내용에 대한 관심과 호기심이 자연스럽게 증폭되어 책을 끝까지 읽어나갈 때 필요한 동력을 얻게 된다.

삶을 스마트하게
바꾸기 위해 읽는 책

오로지 시험 준비 및 대비용으로 책을 읽는 것은 바람직하지 않다. 습득한 이론적인 지식을 어떻게 실생활에 적용하여 당신의 삶을 스마트하게 바꿀지 생각하며 책을 읽어나가야 한다.

자신감이 생길 때

자신감은 주어진 일에 100% 집중하고 최선을 다할 때
생기게 된다.

작은 파트로 나누어 공략하자

단계별로 학습해야 할 경우, 첫 번째 단계를 확실히 이해하고 마무리한 후 그 다음 단계로 넘어가도록 한다. 아무리 큰 장이라도 작은 파트로 나누어 공략하면 학습이 훨씬 수월해진다. 보통 하나의 장을 끝마치게 되면 다음 장도마저 끝마치고 싶은 욕구가 더욱 강하게 들기 때문에 동기를 유발하는 긍정적인 방법으로 사용될 수 있다.

학습을 최우선으로 두는
습관을 가져야 한다

당장 원하는 것이 생기더라도 항상 학습을 최우선으로 두는 습관 (먼저 책의 첫 장을 읽은 후 나중에 좋아하는 TV 프로그램을 시청한다든지, 먼저 작성해야 할 에세이의 도입부를 끝내고 나중에 운동하러 나간다든지 등)을 가져야 한다. 달콤한 보상이 당신을 기다리고 있다는 사실에 학습을 더욱 적극적으로 수행할 수 있게 될 것이다.

인터넷에서 얻을 수 있는 것은
생각보다 많다

전 세계가 가상 강의실 무크^{MOOC}에 열광하고 있다. 이 가상 공간에서 사람들은 강의를 듣고, 학습자료를 다운받고, 시험을 치르고, 과제를 제출하고, 자유롭게 토론하고, 서로 가르치고 배우며 다양한 분야의 지식을 습득하고 있다. 온라인에 접속할 수만 있다면 세계적인 석학의 강의를 언제 어디서나 수강할 수 있는 것이다. 당신의 관심을 따라가며, 흥미로운 분야의 내용을 더욱더 깊이 학습 해 나갈 때 인터넷에서 얻을 수 있는 것은 생각보다 많다.

Chapter **Three**
과제에 필요한 기술

You can get help from teachers, but you are going to have to learn a lot by yourself, sitting alone in a room.

— *Dr. Seuss* —

학교에서 과제를 하자

학교에 머물러 있는 동안, 그리고 자투리 시간이 생길 때마다, 과제를 미리 해 나가는 습관을 갖도록 한다. 점심시간, 공강시간 등을 잘 활용하여 틈틈이 과제를 미리 해 놓으면 그만큼 집에서 시간을 여유롭게 쓸 수 있다. 수업을 같이 듣는 친구와 교수자가 가까이 있기 때문에 학교에서 과제를 하다 어려운 점이 생기면 쉽게 도움을 구할 수 있는 이점도 있다.

오피스아워를
당신의 시간으로 활용하자

교수자의 오피스아워^{Office Hours}를 적극적으로 활용한다. 이해하기 어렵거나 추가적인 설명이 필요한 경우 교수자의 연구실로 방문하여 도움을 구한다. 오피스아워를 잘 활용하면 교수자와 친밀한 관계를 구축할 수 있고, 유용한 피드백은 학습에 실질적인 도움이 될 수 있다. 오피스아워는 오로지 학생을 위한 시간이다. 그 시간을 당신의 것으로 만들어 보자.

결과에 대해 예측해 보는
습관을 갖도록 하자

 결과에 대해 예측해 보는 습관을 가지도록 한다. 만약 과제를 안 한다면? 과제에 대한 평가가 안 좋게 나온다면? 제출한 과제를 보고 교수자가 갖게 될 당신에 대한 이미지는? 당신이 과제를 충실히 해야 하는 이유는? 과제는 오로지 당신만을 위한 것이다. 게임의 룰(세상을 살아나갈 때 필요한)을 마스터하는데 지식은 절대적으로 필요하기에 최선을 다해 과제를 해야 한다.

자신에게 꼭 맞는 학습 방법을 찾아 스마트하고 효과적으로 학습하자

자신에게 맞는 학습 방법을 적극적으로 찾아보아야 한다. 모든 사람은 저마다의 페이스^{Pace}, 능력, 태도, 습관, 계획, 목표, 정서적 특성, 동기, 욕구, 그리고 학습 전략을 가지고 있다. 당신의 몸에 꼭 맞는 정장이 잘 어울리는 것처럼 당신에게 꼭 맞는 학습 방법을 찾아야 스마트하고 효과적으로 학습할 수 있다.

성공적이지 않은 학습 방법을 찾아 미련 없이 버리고 성공적인 학습 방법을 습득하기 위해 새로운 시도를 계속해 나가야 한다. 당신의 학교생활, 수업 태도, 시간 관리, 학습 활동, 교수자와의 관계 등을 세밀하게 분석하고 모니터링하여 어떤 점이 성공적이고 효율적인 방법인지, 어떤 점이 성공적이지 않고 비효율적인지 파악한 후 새로운 액션을 과감하게 취하도록 하자.

우선순위를 정하여
과제를 해 나가자

우선순위를 정하여 과제를 해 나가는 것은 시간 관리 차원에서 매우 중요하다. 수많은 과제를 앞두고 먼저 해야 할 것은 우선순위를 정하는 것이다. 우선순위를 정할 때는 자신의 학습 능력을 기준으로 정하도록 한다. 도전적인 과제를 먼저 끝내고, 상대적으로 쉬운 과제는 휴식 시간 직후 다시 학습에 몰입할 때 필요한 약 15~20분 정도의 워밍업 시간을 모아 완성하는 것이 바람직하다.

장기적인 프로젝트는 마감일까지 여유가 있기 때문에 가장 나중에 하는 것이 좋다. 만약 어려운 과제를 우선적으로 하는 것이 부담스럽다면 쉬운 과제 몇 개를 먼저 성공적으로 끝마친 후 어려운 과제를 마지막으로 돌리는 방법을 시도해 본다. 쉬운 과제를 끝냄으로써 성취감을 느끼고 생산적인 자신의 모습을 보며 자신감과 도전정신이 생기는 효과를 얻을 수 있다. 어려운 것을 먼저 하든 쉬운 것을 먼저 하든 자신에게 맞는 최적의 방법을 찾는 것이 무엇보다 중요하다는 사실을 잊지 말자.

과제를 완전하게 마무리하고
잠자리에 드는 습관을 가지자

과제를 완전하게 마무리하고 잠자리에 드는 습관을 가지도록 한다. 아침에 일찍 일어나서 과제를 하겠다는 다짐은 실현 가능성이 매우 낮다. 이른 기상은 실천 자체가 힘들뿐더러, 일어나더라도 아침에 과제를 위해 많은 시간과 에너지를 소비하고 난 후 방전된 상태로 하루 종일 온전히 생활하는 것은 결코 쉬운 일이 아니기 때문이다.

푹신한 침대와 소파는
잠을 부른다

집중력이 떨어졌을 때 푹신한 침대와 소파는 잠을 부르게 되어 있다. 평소 졸음이 없는 학생이라도 너무 편안한 침대와 소파는 집중과 거리가 멀다는 것을 명심한다.

어려운 과제로 어려워하지 말고
도움을 구하자

어려운 과제 때문에 스트레스를 받고 있다면 주저하지 말고 주변에 도움을 구해보도록 하자. 인터넷을 검색해 보고, 도서관에서 자료를 찾아보고, 같은 수업을 듣고 있는 친구와 이야기해 본다. 이 모든 시도가 당신에게 도움이 되지 않았다면 오피스아워를 활용하여 교수자에게 직접 궁금한 점에 대해 질문하고, 과제에 대한 추가적인 설명을 듣도록 한다.

새로운 것을 시도하여
돌파구를 찾자

만약 특정 과제에 대한 진도가 원하는 만큼 나오지 않는다면 일단 다른 과제를 먼저 착수하며 효율적으로 시간을 쓰도록 한다. 꼼짝할 수 없는 상황을 타파할 돌파구가 필요할 때는 무모한 끈기와 인내심 보다는 새로운 것을 시도하는 편이 훨씬 낫다.

081

먼저 과제에 필요한
모든 것을 준비하자

 과제를 해야 하지만 어디서부터 무엇을 어떻게 해야 할지 감이 안 잡히는 경우 먼저 과제에 필요한 모든 것(종이, 노트, 연필, 교과서 등)을 준비한다. 준비를 마친 후, 책을 펼쳐 첫 단락을 읽어 나가다 보면 어느덧 주어진 질문과 작성해야 할 에세이에 대해 어떻게 답하고 무엇을 써야 할지가 점점 선명해질 것이다.

기억을 필요로 하는 중요한 정보는
잠자기 바로 직전에 학습하자

많은 연구 결과에 의하면 뇌는 수면을 취하기 바로 직전에 학습한 정보를 잘 기억하고 유지한다고 한다. 반드시 기억해야 하는 중요한 정보가 있다면 잠을 청하기 바로 직전에 학습해 보자.

시간을 정확하게 파악하자

타이머^{Timer} 사용을 생활화해 보자. 성공적으로 과제를 끝마치는 데 필요한 시간을 정확하게 파악해 보는 것은 중요하다. 시작과 마무리 시간을 기록하고 분석해 보면 생각보다 적은 시간으로 과제를 마칠 수 있다는 사실에 놀라게 된다. 또한 과제 중간마다 집중하지 못하고 다른 일을 하는 데 쓰는 시간은 상대적으로 많아 당신을 두 번 놀라게 할 것이다. 시간을 적극적으로 모니터링^{Monitoring} 해 나간다면 당신은 과제를 더욱 효율적으로 스피드 있게 마무리하게 될 것이다.

과제는 학교에서
자기계발은 집에서

자투리 시간을 최대한 활용한다. 학교에 있을 때는 기분과 태도가 학습모드로 맞춰져 있기 때문에 집에서 보다 훨씬 수월하게 과제를 해 나갈 수 있다. 가능하면 과제는 학교에서 끝마치고 집에 돌아가서는 휴식을 취하거나 자기계발을 위해 시간을 투자하여 알찬 생활이 가능하도록 힘쓰는 것이 바람직하다.

식사를 거르지 말자

아침과 점심은 거르지 않도록 한다. 정상적인 뇌의 활동에 필요한 에너지를 충분히 공급하는 것은 매우 중요하다. 에너지 공급은 충분한 수면과 함께 온전한 학습 활동에 반드시 필요한 조건임을 명심하자.

모호한 질문보다는
구체적으로 질문을 던지자

이해하기 어려운 부분이 생기면 세부적인 질문을 만들어 메모해 놓고, 읽고 있던 책에 잘 보이도록 표시를 해둔다. 모호한 질문보다는 도움이 필요한 부분과 추가로 설명이 필요한 부분에 대해 구체적으로 질문을 던지는 것이 바람직하다. 구체적이지 않은 질문은 너무 쉽거나 어려운 답변으로 이어지게 되고 결과적으로 교수자와 모든 학생이 불만족스럽게 되기 때문에 유의하도록 한다.

자신과의 약속을 지켜나가야
자신감이 생긴다

자신감은 크고 작은 자신과의 약속을 지켜나갈 때 생기게 된다. 하루 동안, 한 주 동안, 한 학기 동안, 일년 동안 반드시 끝내야 하는 것의 우선순위를 정하고 묵묵히 그러나 확실히 목표 달성을 위하여 실행으로 옮겨 나가야 한다. 자신과의 약속을 지켜 낼 수 있어야 타인과의 약속을 지킬 수 있다는 것을 명심하고 원하는 목표를 달성하기 위해 최선을 다해 보자.

Chapter **Four**

수업 노트 작성에 필요한 기술

"It does not matter where you go and what you study, what matters most is what you share with yourself and the world."

— *Santosh Kalwar* —

교과서를 미리 읽고
수업에 참여하자

반드시 교과서를 읽고 수업에 들어가야 한다. 교수자의 대부분은 책의 내용을 토대로 강의를 하기 때문에 수업 내용에 대한 이해도를 높이기 위해서는 교과서를 미리 읽고 수업에 참여하는 것이 좋다.

교수자의 공지 사항이나
수업에 관련된 자료를 눈여겨보자

교수자는 학생들에게 공지 사항이나 수업에 관련된 자료를 온라인상에 정기적으로 올려놓기도 한다. 수업이 어떻게 진행되는지, 어떤 것들을 배우게 되는지 미리 알 수 있는 중요한 정보들이기 때문에 반드시 숙지하고 수업에 들어가야 한다.

중요한 내용은
질문으로 바꾸어 보자

 수업을 들으면서 중요한 콘셉트나 핵심 용어를 질문으로 바꾸어 노트에 작성한다. 질문에 대한 답을 찾는 것을 방과 후 학습의 목적으로 삼으면 효과적인 복습이 가능하다.

교수자에게 질문이나 코멘트를 하기
유리한 자리에 앉자

수업에 온전히 집중하려면 강의실 맨 앞자리에 앉도록 한다. 교수자의 목소리를 정확하게 들을 수 있고, 칠판이나 스크린을 잘 볼 수 있으며, 교수자에게 질문이나 코멘트를 하기 유리한 위치기 때문이다. 그리고 앞자리에 앉는 대부분 학생은 수업에 집중하고 적극적으로 참여하기 때문에 교수자에게 좋은 인상을 남기게 된다.

노트 작성은 손으로?
아니면 컴퓨터로?

컴퓨터로 노트를 작성할지 아니면 손으로 직접 노트를 작성할지는 과목의 성격에 따라 다르게 정하도록 한다. 만약 타자에 익숙하다면 컴퓨터로 노트를 작성하는 편이 유리하다. 많은 양의 정보를 신속하게 기록할 수 있기 때문이다. 그러나 도표나 공식이 많이 들어가는 수학이나 물리 같은 수업에서는 손으로 노트를 작성하는 편이 바람직하다.

강의 초반 교수자의
설명과 판서에 집중하자

강의 초반에 교수자가 하는 말에 귀를 기울여야 하는 이유가 있다. 대부분 교수자는 강의를 시작하기 전 3~5분을 할애하여 그날 수업에 대한 목적, 수업 방식, 그리고 대략의 아웃라인을 설명해 준다. 어떻게 노트를 작성해야 하는지 그리고 수업 내용 중 특별히 무엇에 집중해야 하는지 예측하고 준비되어 있기 위해서는 강의 초반 교수자의 설명과 판서에 집중해야 한다.

강의 내용을 신속하고 정확하게 기록으로 남기자

큰 제목이나 주제 밑에 주의를 끌기 위해 붙이는 그래픽 문자(불릿)를 사용하여 아이디어를 정리하고 추가로 보충해야 하는 내용은 서브불릿^{sub-bullets}을 사용하도록 한다. 노트 작성 시 아웃라인 포맷 없이 강의 내용의 모든 것을 적어 나가는 것은 바람직하지 않다. 교수자가 강의할 때 순서대로 주요 포인트를 설명하고 그다음 서브 포인트를 설명하지 않을 수도 있기 때문에 강의가 끝난 후 노트 정리를 다시 해야 할 필요가 생기게 된다. 그렇기 때문에 편집을 수월하게 할 수 있는 컴퓨터를 사용한 노트 작성은 충분한 이점이 있다. 노트 작성 시 가장 중요한 것은 강의 내용을 신속하고 정확하게 기록으로 남기는 것이다. 보기 좋게 꾸미거나 정리하는 것은 나중의 일임을 기억하도록 한다.

노트 작성의 주 이유는
교수자가 하는 말을 이해하기 위해서다

약어를 사용하고, 중요하지 않은 단어는 생략하며, 효율적으로 노트 작성을 하도록 한다. 주요 포인트와 관련된 단어를 중심으로 기록하고, 강의 내용 이해에 별 도움이 안 되거나 반복되는 단어들은 과감하게 빼놓는다. 약어를 사용하면 노트 작성에 필요한 시간을 단축해 주기 때문에 다양한 문자표나 기호를 함께 활용하면 많은 분량의 정보를 빠르게 기록할 수 있다. 노트 작성의 주 이유는 교수자가 하는 말을 이해하기 위해서다. 교수자가 하는 말을 똑같이 받아 적는 것은 의미가 없다는 것을 기억하고 지나치게 단순하거나 간결하여 자신의 약어, 문자표, 그리고 기호가 해독해야 하는 암호로 다가오지 않도록 유의한다. 나중에 자신이 작성한 노트를 이해하지 못하면 곤란하다.

교과서에 나와 있지 않은 내용은 특별히 주목하자

주제와 관련된 세부적인 내용이나 예시를 잘 적거나 스케치해 두어야 한다. 교과서에 나와 있지 않은 내용은 특별히 주목해야 시험에 좋은 점수를 거둘 수 있다. 만약 기억하기 어렵거나 이해가 어려운 콘셉트는 도표를 활용하는 것이 도움이 된다.

수업 마무리 시간에
집중해야 하는 이유

　교수자 대부분은 그날 가르친 내용에 대한 요약과 정리로 강의를 마무리한다. 수업이 끝나갈 때쯤이면 분위기는 어수선해지고, 당신의 마음은 벌써 다른 곳으로 가 버리게 되지만, 수업 마무리 시간은 중요한 대화가 이루어지는 황금 시간대이기 때문에 더욱 집중해야만 한다. 다른 학생의 질문과 교수자의 답변을 경청해야 하는 이유는 당신이 가지고 있는 질문에 대한 답을 같이 강의를 듣고 있는 친구와 교수자가 하는 대화에서 찾을 수도 있기 때문이다.

작성 한 노트는 반드시
24시간 이내에 복습해야 한다

강의가 끝난 후 (가능하다면 바로 직후) 작성한 노트를 수정^{Revise} 하도록 한다. 기억이 가장 생생할 때가 바로 그 때이기 때문이다. 밑줄이나 하이라이트로 표시한 중요한 포인트를 중심으로 학습하는 것은 효과적인 복습과 시험 준비를 가능하게 해준다. 강의 시간에 작성했던 노트는 반드시 24시간 이내에 복습하여 기억력을 높이도록 한다. 또한 자신의 기존 생각과 새롭게 습득한 주요 내용과 포인트를 연결하는 작업에 지체 없이 신속하게 착수하도록 한다.

친구와 노트를 공유하고
비교해 보는 시간을 갖도록 하자

　강의를 같이 듣고 있는 친구와 노트를 공유하고 비교해 보는 시간을 갖도록 하자. 혼자 보고 듣는 것보다 여러 명이 함께 보고 듣는 것이 더 포괄적이기 때문이다. 자신이 작성한 노트와 친구가 작성 한 노트를 비교해 보고 서로 다른 간격을 찾아 종합적으로 노트를 작성해보자.

올바른 학습태도에 대하여

올바른 태도를 가져야 한다. 상대방의 말을 잘 듣는다
는 것은 상대방에 집중한다는 뜻이다. 교수자가 하는 말
에 절대적으로 동의하지 않더라도 열린 마음을 유지하는
것은 기본이다.

결석했을 경우

결석했을 경우 강의를 같이 듣고 있는 친구들에게 노트를 빌려 그날 배운 내용과 주요 콘셉트를 반드시 학습하도록 한다.

교수자의 실수와 접하게 되면

교수자도 인간이기 때문에 충분히 실수할 수 있다. 만약 교수자가 잘못된 정보를 전달한다는 확신이 들면 그냥 넘어가지 말고 추가적인 질문을 통하여 반드시 확인하고 넘어가도록 한다. 물론 교수자의 실수를 지적하는 것은 쉬운 일이 아니지만, 당신이 학습에 주도적으로 임하고 있다는 증거이기에 교수자도 감사한 마음으로 받아들일 수 있을 것이다. 적극적인 수업 참여는 바로 이런 것이 아닐까?

교수자가 하는 이야기는
흘려 듣지 않는다

이야기는 정보를 머릿속에 저장하고 저장된 정보를 검색하는 데 많은 도움을 준다. 교수자가 하는 이야기는 수업 내용과 밀접한 관련이 있을 수 있고 더 나아가 시험 문제로도 출제될 수 있기 때문에 단순히 지나가는 이야기로 흘려 듣는 일이 없도록 주의한다.

생각을 효과적으로 정리할 수 있는
마인드맵을 사용하자

마인드 맵을 알고 있거나 활용 방법을 배운 적이 있다면 적극적으로 사용하도록 한다. 만약 생소하다면 마인드 맵을 잘 알고 있는 친구들에게 물어보거나 인터넷에서 사용 방법을 검색해 본다. 마인드 맵은 종이에 자신이 가지고 있는 생각을 효과적으로 정리할 수 있는 좋은 방법이다. 손쉽고 알맞게 예시, 스토리, 정보, 증거들을 추가하여 효과적인 노트 작성에 큰 도움이 될 것이다.

기록의 목적은 수업내용을
소화하기 위해서다

당신이 만약 수업 내용 전부를 블랙박스처럼 기록하고 있다면 노트를 작성해야 하는 목적을 다시 한 번 생각해 보아야 한다. 노트를 작성하는 이유는 제대로 수업내용을 소화하기 위해서다. 수업내용에 대한 이해를 높이고, 습득한 지식을 당신의 것으로 만들기 위해 노트를 작성 하도록 한다.

노트 작성 때문에 중요한 포인트나 공지 사항을 놓치지 않도록 한다

집중하여 들어야 할 때는 노트 작성을 잠시 멈추더라도 교수자의 말에 경청하도록 한다. 노트 작성에 매달리다 중요한 포인트나 공지 사항을 놓칠 위험이 있기 때문이다.

교수자의 허락 없이 강의를
녹화/녹음하는 것 자체는 불법 행위이다

전자기기를 사용하여 강의의 전부나 부분을 녹화/녹음하려고 한다면 사전에 교수자의 동의를 구하고 진행해야 한다. 전문지식이나 기술이 포함된 강의가 정당한 보상 없이 녹화/녹음되어 인터넷에 떠돌아다니는 것을 환영할 교수자는 이 세상에 단 한 명도 없다. 그리고 상대방의 허락 없이 강의를 녹화/녹음하는 것 자체는 불법 행위임을 잊지 않도록 한다.

노트 작성 시 타인에게 방해될 수 있는 모든 행위는 삼가 하도록 하자

　노트 작성 시 방해가 될 수 있는 모든 행위는 금하도록 한다. 펜을 돌리는 행위, 낙서하는 행위 등은 교수자와의 눈 맞춤과 주의집중을 방해하고 같이 강의를 듣는 학생에게도 피해를 주기 때문에 삼가 하도록 한다.

Chapter **Five**
적극적인 수업 참여 기술

*"Study without desire spoils the memory,
and it retains nothing that it takes in."*

— Leonardo da Vinci —

강의시간에 보고 듣는 내용은
즉시 소화하여 당신의 것으로 만들자

수업시간에 다뤄지는 내용은 될 수 있으면 강의실 안에서 전부 소화하도록 하자. 잘 모르는 내용이나 이해하기 어려운 콘셉트를 그냥 그 상태로 그냥 넘겨 버리고 나중에 학습하는 것은 비효율적이다. 수업시간을 100% 사용하고 활용하자. 당신은 이미 빠듯한 스케줄을 소화해야 하고 학습해야 할 로드^{Load}도 상당하다. 강의시간에 보고 듣는 내용은 즉시 소화하여 당신의 것으로 만들도록 한다. 그래야 학습활동 말고도 당신이 맡은 다양한 역할과 주어진 임무를 온전히 감당해 낼 수 있기 때문이다. 그렇기 때문에 수업에 적극적으로 참여하는 것은 매우 중요하다.

강의실 앞자리에 앉자

가능하다면 강의실 앞자리에 앉도록 한다. 교수자가 당신의 노트를 잘 볼 수 있는 위치에 앉아 있다는 사실만으로 더 나은 노트 작성을 위해 노력하게 되고, 더 많은 주요 포인트를 받아 적을 수 있으며, 결과적으로 수업시간에 집중하여 수업에 참여하는 학생이라는 좋은 이미지와 평판을 얻을 수 있게 된다.

강의를 제대로 듣자

제대로 듣는다. 이는 수업시간에 깨어 있다는 말이고, 공상에 잠기지 않는다는 말이며, 내일 해야 하는 일들의 우선순위를 정한다거나, 졸업 논문으로 무엇을 써야 할지 간략한 개요를 짜는 행위와 같이 수업과 직접 관련이 없는 모든 것을 삼가 한다는 말이다. 수업 중에는 모든 걱정, 근심, 그리고 잡생각을 버리고 제대로 교수자의 강의를 들어보자.

질문 만들기를 통해 더 깊고 많은 정보를 스스로 찾아 나서는 계기로 삼자

강의를 들으면서 다뤄지고 있는 내용과 관련된 질문을 만들어 보는 습관을 가진다. 질문 만들기 과정을 통해 새로운 정보는 머릿속에 강하게 남게 된다. 만든 질문을 교수자에게 실제로 던지느냐 안 던지느냐보다 더 중요한 것은 주도적인 학습의 여부가 아닐까? 강의에 집중하며 보고, 듣고, 생각하고, 기존의 지식과 새로운 지식을 연결하며, 질문을 만드는 그 자체는 주도적인 학습의 진정한 모습이다. 질문 만들기를 통해 더 깊고 많은 정보를 스스로 찾아 나서는 계기를 만들어 보자.

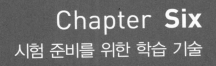

Chapter **Six**

시험 준비를 위한 학습 기술

"Anyone who stops learning is old, whether at twenty or eighty. Anyone who keeps learning stays young."

— Henry Ford —

113

시간 관리로 스트레스와
불안감을 줄여나가자

  시험을 준비하거나 치르는 것은 당연히 스트레스와 불안감을 유발한다. 특히 벼락치기로 시험 준비를 하거나 충분한 수면을 취하지 못하면 더욱 그렇다. 시간을 철저하게 관리한다면 시험에 대한 스트레스를 조금이나마 덜 수 있게 되고, 능률은 높아지며, 그 결과 원하는 것을 성취하는 데 도움이 될 것이다.

작성한 노트를 음성으로 녹음하자

작성한 노트를 음성으로 녹음하여 전자기기 (보이스 레코더, 스마트폰)에 저장한 후 오디오 북 처럼 자투리 시간이 생길 때마다 틈틈이 듣도록 한다. 중요한 용어를 중심으로 반복 청취하면 기억력 향상에 도움이 된다.

추가적인 학습을 통해
질문의 답을 찾자

특정 토픽^{Topic}, 주제, 콘셉트를 배우고 난 후 추가적으로 도서관에서 관련 분야의 책이나 연구논문을 찾아 읽어보고, 관련 내용을 더욱더 깊이 학습하며, 전에 이해가 어려웠던 콘셉트나 가지고 있던 질문의 답을 찾아 노트에 정리한다. 이는 효과적으로 시험을 대비하는 좋은 습관이다.

에세이는 한 번에 작성하고
제출하는 것이 좋다

에세이를 작성할 때에는 최종 완성본을 목표로 불필요한 수정 작업 없이 한 번에 끝내는 것이 바람직하다. 초안 작성 후 지루하고 긴 교정 작업을 거쳐 완성하는 것보다 시간을 절약하고 효율적으로 사용하기 위해서라도 (특히 시험기간 중에는) 처음부터 철저하게 고민하고 기획하여 작성하고 제출해야 한다.

모르는 것을 아는 것으로 만들자

전에 보았던 퀴즈나 시험문제 중 틀린 문제를 중심으로 복습을 철저히 하도록 한다. 평소에 오답 노트를 작성해 왔다면 시험을 준비하는 데 많은 도움이 될 것이다. 알고 있는 것과 모르고 있는 것을 정확하게 파악한 후 모르는 것을 아는 것으로 만들기 위해 최선의 노력을 다하는 것이 시험을 준비하는 가장 효과적인 방법임을 잊지 않도록 한다.

주어진 시간을 의미 있고 가치 있게 쓰는 것은 오로지 당신의 손에 달려 있다

일시적인 심리적, 그리고 육체적 상태 (기운이 나거나 기운이 없거나, 피곤하거나 활기차거나, 태만하거나 동기가 부여되었거나, 집중해 있거나 정신이 산만해 있거나, 낙심해 있거나 용기가 북돋아 있거나) 때문에 당신의 무한한 능력을 지속적으로 의심하는 일이 없도록 한다. 주어진 시간을 의미 있고 가치 있게 쓰는 것은 오로지 당신의 손에 달려 있고, 성공적으로 학업에 임하기 위해서는 계획과 목표를 이루기 위한 집념이 중요하다.

- 건강한 아침 식사를 거르지 않도록 한다. 활기찬 컨디션을 보장할 정도의 양을 섭취하되 지나친 양은 피하자.

- 가능하다면 지난해 시험에 출제되었던 문제들을 확보하여 풀어본다. 어떤 유형의 문제가 출제되었는지, 난이도는 어떠했는지 감을 잡아 보는 것은 다가오는 시험에 대한 적극적인 대비를 가능하게 도와준다.

- 시험준비는 2주 전부터 하는 것이 아니라 2주 전에 끝마쳐야 한다. 2주 정도의 시간적 여유를 확보해야 이해가 어려웠던 부분을 다시 복습하거나, 제출해야 하는 에세이를 검토할 수 있게 된다.

- 본격적인 집중을 시작하기 전에 반드시 2~3분간의 워밍업 시간을 갖도록 한다. 차분하게 앉아 해야 할 일의 중요성과 가치 그리고 해야 하는 이유를 생각해 보고 머릿속으로 가상의 스위치를 플레이 모드에서 학습 모드로 전환한 후 온전하게 해야 할 일에 집중하자.

- 45분간 철저하게 몰입하고 15분간 온전하게 휴식을 취한다.

- 자신에게 맞는 창의적인 기억 방법을 찾아보고 습득하도록 한다. 숫자, 약어, 연상기호, 스토리 등을 활용하면 생생한 기억에 도움이 된다.

- 일반 사람들이 스마트폰을 들여다보는 횟수는 놀랍게도 하루 평균 150회 정도라고 한다. 수시로 이메일이나 메시지를 확인하는 습관은 버리고 학습 후 보상차원으로 스마트폰을 사용하자. 스마트폰은 학습할 때 필요한 물건이 아니다. 집중에 방해되고 생각보다 많은 시간을 당신으로부터 빼앗아가는 스마트폰은 아예 전원을 끄고, 눈에 보이지 않는 곳에 두도록 한다.

- SNS^Social Networking Service는 시험을 성공적으로 끝내고 이용하도록 한다.

- 시험 준비를 벼락치기로 하여 얻을 수 있는 것은 많지 않다. 가장 효과적이고 바람직한 시험준비 방법은 수업 관련 자료를 입수하거나, 강의를 듣고 난 직후 학습하는 것이다. 시험준비는 저축하듯이 시간이 날 때마다 매일매일 배운 지식을 자기의 것으로 소화하고 이를 축적해 나가는 것과 매우 흡사하다.

- 복습할 때 필요한 자료를 미리 준비하고 정리하는 습관을 가진다. 주제에 대한 키워드^Key Words나 콘셉트를 쉽게 눈에 들어오고 기억에 남을 수 있도록 다양한 색을 사용하여 기록하고 표시한다.

- 학습 내용을 온전히 기억했는지 주기적인 자가평가를 통해 모니터링하고 지식보유 수준을 확인한다.

- 집중 상태를 유지하기 위해서는 정보의 내면화가 필요하다. 텍스트에 줄을 긋거나 소리 내어 책을 읽는 것은 정보의 내면화에 도움이 된다.

- 당신의 지식 창고에 새로운 정보를 기존의 정보와 다양하게 연관 또는 연결하도록 한다.

Chapter Seven

좋은 인상을 남기는 기술

*"The highest activity a human being can attain is learning
for understanding, because to understand is to be free."*

— *Baruch Spinoza* —

교수자와 정서적, 관계적 유대관계를
견고하게 구축하자

짧은 시간에 많은 내용을 배우는 것도 물론 중요하지만, 교수자와 정서적, 관계적 유대관계를 견고하게 구축하는 것도 매우 중요하다. 서로를 신뢰하고 존중하는 마음 없이 교육의 효과를 기대하는 것은 사실상 무리다. 교수자를 좋아하든 좋아하지 않든 선택의 자유는 당신에게 달려 있다. 하지만 신뢰와 상호존중에 기반을 둔 좋은 관계를 유지하기 위한 노력은 멈추지 말아야 한다.

불필요한 선입견과 편견을
불러일으킬 수 있는 옷은 피하자

단정한 옷차림은 기본이다. 학교에 가기 전날 미리 입고 갈 옷을 깨끗하게 세탁하고 잘 다려둔다. 친구에게는 멋지게 보일 수 있는 옷차림이 교수자의 눈에는 부정적으로 보일 수 있기 때문에 자신의 개성이 잘 드러나면서도 상황에 적절하게 맞는 옷을 입어야 한다. 불필요한 선입견과 편견을 불러일으킬 수 있는 옷은 피하는 것이 상책이다.

지각하였다면 구차한 변명보다 진정성 있는 양해를 구하도록 하자

수업시간에 늦지 않도록 한다. 시간을 엄수하지 못하는 학생은 책임감이 없어 보인다. 가능하다면 수업 시작하기 10분 전에 미리 강의실에 도착하여 마음을 가다듬고 수업에 임할 준비를 하도록 한다. 만약 지각하였다면 구차한 변명을 늘어놓기보다 교수자에게 진정성 있는 양해를 구하자.

교수자와 가벼운 대화를 나누자

수업 시간 전후로 교수자와 가벼운 대화를 나누도록 한다. 주말은 어떻게 보냈는지 물어볼 수도 있고, 당신에 대한 개인적인 이야기를 나누는 것도 좋다. 가벼운 대화의 목적이 단지 좋은 학점을 받기 위한 가식적인 노력이 아니라고 느껴진다면 교수자도 사람이기에 당신에게 호감을 가지고 친절하게 대해 줄 것이다.

기본적인 에티켓을 지키자

뒤에 오는 교수자를 위해 문을 잡아 준다거나 복도에
서 반갑게 인사를 하는 것은 기본적인 에티켓이다.

교수자를 욕하지 않는다

교수자가 마음에 들지 않더라도 절대로 공공장소에서는 교수자를 욕하지 않는다. 당신의 말을 누가 어디서 어떻게 듣는지 모르기 때문에 주의해야 한다. 낮말은 새가 듣고 밤말은 쥐가 듣는다. 당신의 욕을 교수자가 누군가로부터 전해 들었다면 게임은 끝이다.

학습하고자 하는 당신의 강한 의지를
교수자에게 보여주자

가능하다면 강의실 앞좌석에 앉도록 한다. 앞에 앉는 것이 뒤에 앉는 것보다 집중하기에 훨씬 수월하다. 많은 연구 결과에 의하면 교수자는 앞자리에 앉는 학생을 자기 통제능력이 강하다고 여기고 선호하는 경향이 있다고 한다. 바른 자세로 앉고, 학습하고자 하는 당신의 강한 의지를 교수자에게 보여준다.

놓친 수업에 대한 충분한
보충 학습을 하도록 하자

중대한 집안 문제, 사고, 수술 등 특별한 사안이 아니라
면 단 한 번의 결석도 자신에게 허락하지 말아야 한다. 그
러나 결석을 피할 수 없는 상황이라면 미리 교수자에게 연
락하여 타당한 이유를 설명하고 양해를 구하도록 한다.
그리고 같은 수업을 듣고 있는 친구로부터 다음 시간까지
준비해야 할 과제나 수업의 핵심 포인트에 대한 설명을 듣
고, 수업 노트를 빌려, 놓친 수업에 대한 충분한 보충 학
습을 하도록 한다. 나중에 보충 학습 내용을 교수자에게
보여주거나, 제출하거나, 설명해 주면 더욱 좋다.

강의하는 교수자에게 집중하자

교수자가 강의할 때 눈을 맞추고, 칠판을 주시하며, 노트를 잘 작성하는 것은 기본적으로 지켜야 하는 에티켓이다. 교수자가 강조하거나 반복하는 중요한 포인트에 하이라이트, 밑줄, 그리고 동그라미 등으로 표시하여 나중에 복습할 때 식별이 용이하게 준비하고, 집중하는 데 방해가 되는 모든 요소는 사전에 없애도록 한다.

좋은 질문이나
사려 깊은 코멘트를 준비하자

좋은 질문이나 사려 깊은 코멘트로 수업에 적극적으로 참여한다. 유의해야 할 점은 당신의 독점적인 참여 때문에 결과적으로 다른 학생의 참여 기회를 빼앗는 결과를 초래하거나, 나가야 하는 진도에 불필요한 걸림돌이 되면 안 된다는 것이다. 교수자는 몇몇 학생의 참여보다는 수업을 듣고 있는 전체 학생의 참여를 기대하고 바라기 때문이다.

당신의 질문과 코멘트는
항상 환영받는다

어렵거나 헷갈리는 내용이 있다면 지체없이 추가적인 설명을 요청하여 이해도를 높이도록 한다. 교수자는 강의한 내용 전부를 한 번에 다 소화하는 것이 어려울 수 있다는 사실을 잘 알고 있기 때문에 당신의 질문과 코멘트를 존중하고 환영할 것이다.

수업 전후의 시간은 매우 유익하다

    대부분 교수자는 수업 전후로 학생의 질문을 받기 위해 강의실에 대기한다. 중요한 시험을 앞둔 시점에서 당신은 특히 이 시간을 잘 활용해야 한다. 이해가 어렵거나 헷갈리는 문제가 있으면 대기하고 있는 교수자에게 질문하거나 보충 설명을 요청하여 모르는 것을 아는 것으로 바꿔야 한다. 진정한 학습이란 모르는 것을 아는 것으로 바꾸는 작업이다.

131

과제나 프로젝트는
최대한 빨리 끝마치자

과제가 학점에 차지하는 비율은 상당하다. 특히 큰 과제나 프로젝트의 평가는 최종 학점을 극적으로 높이기도 하고 내리기도 한다. 가능하다면 과제나 프로젝트는 최대한 빨리 끝마쳐 기한 전에 제출하도록 한다. 기한 전에 제출한다고 교수자로부터 보너스 점수를 받는 것은 아니지만, 열심히 한다는 긍정적인 인상은 충분히 남길 수 있다.

- 교수자에 대해 잘 알아야 한다. 과거에 동일한 수업을 들어본 경험이 있는 친구에게 교수자의 성향과 역량, 그리고 교수 방법 등에 대한 정보를 얻어 자신의 학습 스타일과 어울리는지 검토해 본다.

- 교수자는 오리무중에 빠진 모습으로 맨 뒷자리에 앉아 있는 학생을 마냥 편하게 대할 수는 없다.

- 한 학기 동안 가능하다면 자리를 옮기지 않도록 한다. 특히 교수자가 출석이나 수업 참여도를 성적에 반영시킨다면 여기저기 자리를 바꿔가며 앉는 것 보다 당신의 자리를 지정하여 앉는 것이 바람직하다.

- 교수자와는 항상 공손한 말투로 대화한다.

- 수업 내용 중 관심이 가는 인물, 콘셉트, 주제에 대해서는 추가적으로 학습하도록 한다. 특히 교수자의 관심사와 직결된 내용은 더욱 관심을 갖는다.

- 철저한 이미지 관리를 통해 좋은 인상을 유지하며 올바른 태도로 교수자와 소통하고 교류한다.

- 오피스 아워Office Hours를 적극적으로 활용하여 문제가 있거나, 어려운 점이 있을 때 교수자와 상의하고 도움을 받도록 한다.

08

Chapter **Eight**

시험에서 좋은 점수 받는 기술

"Learning is an ornament in prosperity,
a refuge in adversity, and a provision in old age."

— *Aristotle* —

시험을 치르기 전에
충분히 학습하자

시험에서 좋은 점수를 받으려면 우선 시험을 치르기 전에 충분히 학습해야 한다. 시험 준비를 마지막까지 미루다 벼락치기로 하는 것은 효율적이지 않다. 왜냐하면 스트레스로 인하여 학습 내용이 온전히 머릿속에 남게 되지 않기 때문이다. 게다가 부족한 잠은 스트레스를 더욱 가중시켜 시험에 악영향을 끼치게 된다.

타인을 가르치는 것은 이해도를 높이고 암기하는 데 많은 도움이 된다

친한 친구, 가족, 여자 친구, 남자 친구와 함께 학습해 보도록 한다. 중요한 콘셉트나 용어를 그들에게 설명하거나 가르쳐 주는 것은 이해도를 높이고 암기에 많은 도움이 된다.

혼자 학습하는 것보다 함께 학습하는 것이 더 효율적일 수 있다. 같이 수업을 듣고 있는 3~4명 정도의 친구와 함께 스터디 공동체를 만들어 학습해 보자.

우선 책임감 있고 학습에 열정적인 리더를 선발한 후 공동체 운영에 필요한 그라운드 룰^{Ground Rule}을 만든다. 한 번 만들어진 그라운드 룰은 어떠한 상황에서도 모든 구성원이 지켜야 하는 규칙이기 때문에 충분한 생각과 논의가 필요하다. 리더는 그룹의 전반적인 학습량과 진도를 모니터링하고, 기본적인 학습 내용을 구성원들이 숙지할 수 있도록 도와주는 역할을 수행한다. 스터디 공동체는 친교를 목적으로 둔 모임이 아니라는 것을 잊지 않도록 한다.

수시로 휴식을 취해야 한다

충분한 휴식 없이 논스톱으로 학습하면 좋은 점수를 받는 데 도움이 된다는 착각을 하게 된다. 그러나 많은 연구 결과에 따르면 1시간 학습 후 10분 정도 휴식 시간을 갖는 것이 정보를 처리하고 지식을 습득하는 데 효과적이라고 한다. 당신의 뇌는 근육과 같아서 수시로 휴식을 취해야 정상적인 가동이 가능하다.

시험 전날 밤 반드시
마음의 긴장을 풀도록 하자

시험준비 과정에서 발생한 스트레스는 몸을 경직시키고, 뇌의 기능을 저하시키기 때문에 시험 전날 밤 반드시 마음의 긴장을 풀고 휴식을 취하여야 한다. 시트러스, 라벤더, 코코넛 등의 아로마 향초와 함께 잔잔한 음악을 감상하거나 뜨거운 물로 반신욕을 하는 것은 긴장을 풀어주는 데 효과적이다. 좋아하는 책을 읽는 것도 같은 효과가 있다.

수업시간에 온전히 집중하는 것이
가장 효과적이고 확실한 시험 준비다

가장 효과적이고 확실한 시험 준비는 수업시간에 온전히 집중하는 것으로부터 시작된다. 교수자의 강의를 귀담아들어야 수업 내용에 대한 이해가 높아지고 명확한 질문을 던질 수 있다. 시험에 나올 수 있는 중요한 콘셉트, 용어, 정의, 공식들은 교수자가 강조하고 반복하여 설명하기 때문에 높은 시험 점수를 원한다면 집중력을 가지고 수업에 적극적으로 참여해야 한다.

1분이라도 더 수면을 취하자

시험 전날 밤, 책 한 장이라도 더 읽으려 하지 말고 차라리 1분이라도 더 수면을 청하도록 한다.

시험 당일에는
평소에 먹던 음식만 섭취하자

배가 너무 고프거나 부르면 정신이 다른 곳으로 이동하게 된다. 그렇기 때문에 아침에 시험이 예정되어 있다면 아침 식사는 필수다. 적당량의 음식을 섭취하여 에너지 공급을 원활하게 해주되 시험 당일에는 평소에 섭취하던 음식 외에는 먹지 않도록 유의한다. 속이 불편하여 시험을 잘 못 치르면 곤란하기 때문이다.

음악으로 마음을
편안하게 만들자

클래식 음악을 들으면 똑똑해진다는 말이 사실인지 아닌지는 잘 모르겠으나 한 가지 분명한 사실은 전반적으로 음악을 들으면 마음이 편안해진다는 것이다. 시험을 치르기 전 좋아하는 음악을 들으며 불안한 마음을 달래주는 것은 집중력 향상에 확실히 도움이 된다.

긍정적인 생각은 필수다

긍정적인 생각을 가지고 시험을 치르도록 한다. 높은 점수를 머릿속에 그리고 잘할 수 있다는 마음으로 시험을 치르는 것이 낮은 점수를 머릿속에 그리고 잘할 수 없다는 마음으로 시험을 치르는 것보다 훨씬 좋은 결과를 낳지 않을까?

복식 호흡으로
마음의 안정을 찾자

　아랫배를 이용하는 복식 호흡으로 마음의 안정을 찾도록 한다. 복식 호흡은 흥분을 가라앉히며 심신의 안정을 찾을 수 있도록 도와준다. 복식 호흡법은 간단하다. 들숨 때는 아랫배가 불리도록 하고 날숨 때는 아랫배가 들어가도록 깊은 호흡을 하면 된다.

시험을 치르고 있는
당신의 정신적인 태도

시험 점수와 밀접한 관계가 있는 것은 시험을 치르고 있는 당신의 정신적인 태도이다. 외워야 할 것을 얼마나 잘 외웠는지는 이 시점에선 그다지 중요하지 않다. 잘할 수 있다는 마음으로 차분하게 준비된 시험을 치르도록 한다.

불안감이 몰려올 때

만약 시험을 치르기 바로 직전에 불안감이 몰려온다면 명상을 시도하거나 좋아하는 음악을 감상해 본다.

명확한 파악을 위하여
질문은 두 번 이상 읽어본다

어려운 시험 문제로 인하여 답을 찾기 어려운 경우 질문을 두 번 이상 읽어 본다. 질문을 명확하게 파악할 수 있도록 중요한 키워드에 밑줄을 치며 무엇을 묻고 있는지, 답을 구하는 데 필요한 것은 무엇인지, 질문의 핵심은 무엇인지를 따져봐야 한다. 시험을 보는 동안 조급한 마음을 버리고, 가능하다면 문제를 풀기 전 시험지 전체를 한번 훑어보며 문제의 난이도, 유형을 파악하는 것은 주어진 시간을 효율적으로 관리하는 데 도움이 된다.

쉬운 문제로 시작하여
자신감을 높인다

쉬운 문제를 먼저 푼다. 시험지 전체를 훑어보다가 시간이 많이 소요될 것 같은 어려운 질문이나 문제를 발견하면 맨 나중으로 미뤄두고 쉬운 문제부터 풀어나간다. 순서대로 문제를 풀어나가야 할 이유는 없기 때문에 쉬운 문제를 풀며 자신감을 높이고 마음의 안정을 찾도록 한다.

처음 내린 답에 대한 결정을
번복하지 말자

정답에 대한 확신이 없을 때 처음 내린 답에 대한 결정을 번복하지 않는다. 여러 차례 답을 바꾸다 보면 자기 회의에 빠져 실수를 저지르게 될 확률이 높아지게 된다. 생각을 많이 하면 할수록 이유와 논리는 흐려지기 마련이다. 처음 답이라고 생각한 것이 답일 확률이 높다.

빈칸 보다는
최선의 추측으로

문제 해결에 대한 실마리가 전혀 없을 때에는 추측으로 답을 알아맞혀야 한다. 아무런 노력이나 시도 없이 빈칸으로 답안지를 제출하는 일은 없어야 한다. 빈칸은 예외 없이 0점으로 처리되기 때문에 1점이라도 받으려면 그 어떤 것이라도 작성하여 제출해야 한다. 만약 운이 좋다면 추측으로도 정답을 맞힐 수 있기 때문에 절대 포기하는 일이 없도록 한다.

확인하고 검토하자

답을 작성한 후 실수한 것은 없는지 반드시 확인 절차
를 거치도록 한다.

• 사람의 몸이 스트레스에 노출되면 코르티솔^{Cortisol}이라는 물질을 분비하기 시작한다. 코르티솔은 스트레스에 대항하기 위해 신체에 필요한 에너지를 공급해 주는 역할을 하는데 암기력에는 부정적인 영향을 끼친다. 시험을 치를 때 가장 중요한 것은 긴장하지 않고 편안한 마음의 상태를 유지하는 것이다. 시험을 잘못 보았다고 해서 세상의 종말이 오는 것은 아니다.

• 시험 전날 충분한 잠은 필수다. 피곤한 몸에 온전한 정신을 기대하는 건 무리다.

• 수업시간에 작성한 노트 그리고 교과서와 수업자료를 읽은 후 정리한 메모 등을 잠들기 바로 직전에 꼼꼼히 읽어 보도록 한다. 잠자기 전에 학습한 내용은 기억에 잘 남게 된다.

• 시험을 볼 때 주어진 시간은 전부 사용한다. 모든 문제를 빨리 풀어 시간이 남더라도 그 시간을 무의미하게 허비하지 말고 실수한 것은 없는지, 모든 문제를 빠짐없이 다 풀었는지 확인하는 데 쓰도록 한다.

• 만약 답을 찾기 어려울 때는 단순한 논리와 최선의 추측을 사용한다.

• 시험을 보는 동안 마음의 평정심을 유지한다.

• 일등으로 시험을 치를 필요는 없다. 충분한 시간을 갖고 끝까지 시험을 보도록 한다.

• 시험을 보는 동안 마지막 5분은 검토하는데 할애한다.

• 학습할 때 빠르고 쉬운 지름길이란 존재하지 않는다.

• 무조건 열심히 보다는 스마트하게 학습하는 습관을 지니도록 한다. 집중하면 1시간에 끝낼 수 있는 학습량도 집중하지 못하면 3~4시간도 부족 할 수 있다.

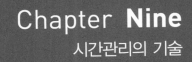

Chapter **Nine**

시간관리의 기술

*"Learning is by nature curiosity...
prying into everything, reluctant to leave anything,
material or immaterial, unexplained."*

— *Philo of Alexandria* —

시간관리의 중요성

얼마나 학습해야 충분한 걸까? 이는 당신이 몇 과목을 수강하고 있는지, 당신의 학습 스타일은 어떠한지, 당신이 달성하고자 하는 목표가 무엇인지에 따라 달라지겠지만, 대부분 교수자는 학점당 2시간 정도를 투자하는 것을 권장한다. 그러나 현실은 어떨까? 학습전략 상담을 받으러 오는 학생의 말을 들어보면 학습하는 시간은 학점당 한 시간도 되지 않는다. 학기당 17에서 20학점을 이수해야 하는 학생을 기준으로 계산하면 주당 평균 34시간에서 40시간을 학습에 투자해야 한다는 결론을 얻게 된다. 상당한 학습 분량이기 때문에 여기서 시간 관리의 중요성이 부각된다. 오직 효율적인 시간 관리와 생산적인 학습 활동 만이 당신에게 성적 향상을 가져다줄 것이다.

과도한 학습량과 적절한 학습량의
차이를 알아야 한다

지나치게 많은 학습량은 오히려 비생산적일 수도 있다. 많은 학생은 과도한 학습량과 적절한 학습량의 차이를 잘 모르며, 시간을 많이 투자하면 할수록 준비가 잘 된 상태라 여기는 경향이 있다. 오랜 시간 학습을 하면 지루하게 되고 지루해지면 정신이 다른 곳으로 가게 될 확률이 높아진다. 정신이 다른 곳으로 가게 되면 결국 시간을 낭비하게 되는 결과를 초래한다. 중요한 시험을 앞두고 벼락치기로 학습하는 것은 효과적이지 않다. 온전히 집중할 수 있는 시간을 정확하게 파악하고 이를 토대로 학습 계획을 세워 효과적인 학습이 이루어지도록 노력해야 한다.

Chapter Nine
151

균형 잡힌 스케줄과
시간관리 플랜은 중요하다

　온전히 집중할 수 있는 시간을 정확하게 파악하고 이를 토대로 학습 계획을 세워 효과적인 학습이 이루어지도록 노력해야 하는 것도 중요하지만, 개인적의 삶과의 균형을 유지하는 것도 매우 중요하다. 학생의 신분이기 때문에 학교에 가서 수업을 듣고, 방과 후 학습을 하는 것이 당신의 주요 업무이지만 그 밖의 가족, 일, 친구와 관련된 책무도 결코 소홀히 할 수 없다. 오직 하나만을 위해서 다른 것을 포기하거나 예사롭지 않게 여기다 보면 삶에 치명적인 불균형이 생기게 된다. 행복한 삶을 위해서는 건강하고 균형 잡힌 스케줄과 시간관리 플랜이 필수적이다.

자세한 계획을 수립하여
잘 보이는 달력에 표시해 두도록 하자

세부적인 학습 계획을 세운 후 모든 것은 기록으로 남긴다. 머릿속으로 계획을 세우는 것보다 과목별로 자세한 계획을 수립하여 잘 보이는 달력에 표시해 두도록 하자. 그래야만 해야 할 일을 놓치지 않고 제시간에 처리해 나갈 수 있기 때문이다. 계획을 세우고 실천해 나가다 보면 학습이 자연스럽게 일상적으로, 그리고 규칙적으로 이루어지게 된다.

과제에 대한 우선순위를 정하자

과제에 대한 우선순위를 정하는 것은 소중한 시간을 적절히 분배하여 효율적인 학습이 가능하도록 도와준다. 더 높은 성적을 필요로 하는 과목이나, 사전 지식이 충분하지 않은 과목의 과제를 수행할 때는 더 많은 시간을 투자하여 원하는 결과를 거둘 수 있도록 최선을 다한다. 어려운 과목일수록 먼저 학습하고 중요한 시험 일정에 맞춰 학습 계획을 세우도록 한다. 만약 시험 일정이 미뤄지거나 변경된다면 학습 계획 또한 수정되어야 한다.

유혹에 대비하자

학습에 장애가 될 만한 요소를 예측하고 제거하는 것은 유혹에 대처하는 가장 효과적인 방법이다. 현재 당신의 신분이 학생이기 때문에 좋은 성적을 거두는 수업에 충실해야 하는 것을 당연히 그 밖의 일(친구들과 친교를 나누는 것 등)보다 높은 우선순위로 두어야 한다. 그러나 우선순위를 정하다 보면 불가피하게 타협점을 모색해야 할 경우가 생기기 마련이다. 그럴 때일수록 학습을 뒤로할 때 당신의 모습과 시간 관리 패턴을 살펴보고, 실수로부터 배우는 자세를 가지도록 한다. 지금부터라도 당신의 단점을 파악하고 개선하여 유혹에 단호히 대처할 수 있는 능력을 키워나가자.

자율성에 기초한 행위는
반드시 책임을 전제로 한다

온라인 수업을 듣고 있는 학생에게 체계적인 학습 플랜
은 매우 중요하다. (일반 강의와 마찬가지로) 온라인 수업에
서도 자기주도적인 학습이 절대적으로 필요하기 때문이
다. 스스로 정한 원칙에 따라 학습을 하고, 자신을 통제
하고 절제하는 것은 성공적인 온라인 수업을 위한 첫걸
음이다. 언제 강의를 들을지, 얼마나 진도를 나갈지 교수
자의 적극적인 개입과 지도 없이 스스로 판단하고 결정해
야 하는 것이 조금은 어렵게 느껴질 수도 있지만 철저한
시간 관리와 체계적인 학습 플랜을 바탕으로 주도적으로
학습해 나간다면 당신이 원하는 결과를 반드시 얻게 될
것이다. 자율성에 기초한 행위는 반드시 책임을 전제로
한다는 사실을 명심하도록 한다.

교수자로부터 취업이나 인턴십에 대한
유용한 정보를 얻자

    교수자는 취업이나 인턴십에 대한 유용한 정보를 많이 가지고 있다. 취업을 앞둔 학생이라면 교수자로부터 믿을 만한 회사를 소개받을 수 있고, 주요 요직에 있는 담당자의 연락처도 받을 수 있다. 대학원 진학을 앞둔 학생이라면 새로운 프로그램이나 독립적인 연구 기회에 대한 조언을 구할 수 있다. 평소에 교수자와 긴밀한 관계를 유지하여야 하는 이유가 여기에 있다.

Part Two

*"Apply yourself. Get all the education you can, but then...
do something. Don't just stand there, make it happen."*

— Lee Iacocca —

— 당신의 관심사는 먼저 당신이어야 한다

당신의 관심사는 무엇인가? 새로 나온 첨단 기기, 최신 유행과 트렌드, 진로, 돈, 명예? 무작정 앞만 보고 뛰다 지친 상태로 힘들어하고 있지는 않는가? 최선을 다해 열심히 사는 것은 중요하다. 하지만 더 중요하고 우선시되어야 하는 것이 있다. 온전한 내가 누구인지 아는 것이다. 이 세상에서 제일 무서운 사람은 "나"를 정확히 알고 "나"를 믿는 사람이 아닐까? 당신의 관심사는 먼저 당신이어야 한다. "나" 자신을 발견해야만 한다. "나"를 안다면 백전백승이다. 두려울 것이 없다. "나"에게 더 많은 관심을 가지고 깊고 진솔한 질문을 던지며 "나"를 알아가는 것보다 과연 더 소중한 것이 있을까?

- 현재 당신이 진실로 사랑하는 것은 무엇인가?
- 당신의 마음을 기쁨으로 벅차게 만드는 것은 무엇인가?
- 당신은 무엇에 열광하고 무엇에 집중하는가?
- 당신 안에 숨어있는 진정한 "나"는 누구인가?
- 인생의 의미를 찾기 위해 당신은 지금 어떠한 질문을 던지고 답해야 하는가?

— 당신은 혼자서도 행복한가?

마음 깊은 곳에 자리 잡고 있는 비교 의식······. 모든 바람이나 욕망도 비교하는 마음에서 나오고, 질투나 자기 비하 또한 비교에서 나온다. 비교하는 마음만 내려놓으면 지금 당신이 있는 자리에서 충분히 평화로울 수 있는데 말이다. 마음에서 어떤 분별심이 일어난다면 그것은 대부분 비교에서 나오는 것이다. 지금 이 순간, 온전히 "나" 자신으로 서 있다면 거기엔 그 어떤 비교나 판단이 붙지 않는다. 이름 없는 "그들"보다 더 잘나고 싶고, 보다 더 아름답고 싶고, 더 잘 살고 싶고, 더 행복하고 싶은 마음······. 우리는 끊임없이 이름 없는 "그들"을 세워 놓고 "그들"과 비교하며 살아간다. 비교 우위를 마치 성공인 양, 행복인 양, 비교 열등을 마치 실패인 양, 불행인 양 느끼며 살아가지만, 비교 속의 행복은 지속 가능한 참된 행복이 아니다. 비교 대상이 없이 행복해야만 진정한 행복이 아닐까? 당신은 혼자서도 행복한가? "나" 자신만을 가지고 충분히 평화로운가? 지속 가능한 행복은 상대 행복이 아니라 절대 행복이다. 비교 대상을 세우지 않고, 이름 없는 "그들"보다 잘나지 않아도, "그들"을 닮을 필요도 없고, "그들"처럼 되려고 애를 쓸 필요도 없으며, "그들"처럼 되지 못했다고 부러워할 것도 없다. 지금 이 모습 이대로의 "나" 자신을 사랑하고 "나"다운 모습으로 최선을 다해 열심히 살아간다면, 그리고 당신이 서 있는 그 자리가 얼마나 귀중한지 알면 그것으로 이미 충분하다.

― 교만과 알맹이 없는 겉치레, 허세, 오만 따위를 버리자

가식을 과감히 버리고, "나"를 포장하고 있는 모든 것(허식, 거짓, 페르소나 등)을 모두 벗고, 알몸뚱이로 진실하게 "나"를 대해보자. 변혁은 이러한 상태에서만 일어날 수 있기 때문이다. 변혁 없이 성장하기는 힘들다. 꾸준히 성장하지 않는 사람일수록 쉽게 싫증을 느끼고 무기력해진다. 자기 만족적인 교만과 알맹이 없는 겉치레, 허세, 오만 따위를 버려야 지금 당신이 무엇을 해야 하는지가 눈앞에 선명하게 나타날 것이다. 변혁의 최대 걸림돌은 자기 자신이 처해 있는 주변 환경이 아니라 온전히 "나"의 탓임을 정확히 인식해야 한다. 가식적으로 자신의 행동을 합리화하고, 견고한 고정관념 속에 자기 자신을 가두며 변혁을 회피하고 있는 당신의 모습을 반성하도록 하자.

― 당신의 렌즈를 세밀히 살펴보고 점검해야 하는 이유

렌즈의 색에 따라 보고 있는 세상의 색이 정해진다. 파란색 렌즈를 통해 보는 세상은 파랗고, 붉은색 렌즈를 통해 보는 세상은 붉을 것이다. 너무나 당연하기에 쉽게 간과하고 있는 사실이다. 당신이 끼고 있는 렌즈의 색을 정확하게 알고, 그 색이 학문과 배움을 이해하고 해석하는 데 어떠한 영향을 어떻게 미치는지에 대해 잘 파악해야 한다. 당신의 집착, 고집, 감정, 그리고 맘대로 떠올린 머릿속의 상상을 멀리하고, 사물이나 상황 그 자체를 순수하게 바라볼 수 있어야 한다. 지금 당장 당신의 렌즈를 세밀히 살펴보고 점검해 보자.

─ 수업에 대한 메타인식 점검 질문

- 이번 수업의 목표는 무엇인가?

- 이 주제에 대해 당신이 이미 알고 있는 것은 무엇인가?

- 어떻게 이 수업을 효과적으로 준비할 수 있을까?

- 수업 시간에 어디에 앉고, 무엇을 하거나 하지 말아야 이 수업에서 많이 배울 수 있다고 생각하는가?

- 이 주제에 대해 더 많은 것을 배우기 위해 당신은 어떤 질문을 던져야 하는가?

- 새롭게 얻은 견문과 학식은 무엇인가? 수업을 통해 무엇을 얻었는가? 어떤 점이 아직도 이해하기 어려운가?

- 새롭게 떠오른 질문은 무엇인가?

- 수업이 흥미로운가? 그렇다면 이유는? 그렇지 않다면 이유는? 수업 시간에 다루어지는 주제가 실질적으로 당신의 삶과 연관되려면 무엇을 어떻게 해야 하는가?

- 당신은 수업 시간에 다루어지는 많은 정보 중에서 가장 중요한 정보를 효과적으로 구별해 낼 수 있는가? 그렇지 않다면 무엇을 어떻게 해야 하는가?

- 오늘 수업 시간에 들었던 내용 중 기존에 이해하고 알고 있던 내용과 서로 충돌되는 것은 없는가?

- 오늘 수업은 지난 수업과 어떻게 연결되어 있는가?

- 궁금한 질문에 대한 답을 얻거나, 헷갈리는 주제를 명확하게 이해하기 위해서 당신이 바로 지금 해야 할 일은 무엇인가?

- 오늘 수업에서 가장 흥미로웠던 점은 무엇인가?

— 적극적인 학습과 과제에 대한 메타인식 점검 질문

- 이 과제를 통해 교수자가 학습자로부터 무엇을 배우기를 원하는지 아는가?
- 이 과제를 성공적으로 끝마치기 위해 당신은 무엇을 어떻게 해야 하는가?
- 이 과제를 성공적으로 끝마치기 위해 당신에게 필요한 전략은 무엇인가? 어떻게 전략을 갖출 것인가?
- 이 과제를 성공적으로 끝마치기 위해 당신은 얼마나 많은 시간을 필요로 하는가?
- (전에 비슷한 경험이 있다면) 더 잘하기 위해 당신은 무엇을 어떻게 다르게 해야 한다고 생각하는가?
- 어떤 전략이 당신의 학습에 도움이 되고, 어떤 전략이 당신의 학습에 도움이 되지 않는가?
- 이 과제를 성공적으로 끝마치기 위해 당신에게 더 필요한 것은 무엇인가? 그것을 얻기 위해 당신은 무엇을 어떻게 해야 하는가?
- 이 과제를 하면서 어려운 점은 무엇인가? 가장 헷갈리는 점은 무엇인가?
- 가장 어렵고 헷갈리는 점을 해결하기 위해서 당신은 무엇을 다르게 시도해야 한다고 생각하는가?
- 당신은 (이 과제를 통해) 어느 정도 목적을 달성했다고 생각하는가?
- 얼마나 많은 리소스^{Resources}를 사용하였는가?
- 당신의 결과물 중 강점은 무엇이고, 약점은 무엇인가?
- 당신이 만약 이 과제를 다시 해야 한다면 어떤 점을 다르게 하고 싶은가? 어떤 점이 잘 되었다고 생각하는가?

― 퀴즈와 시험에 대한 메타인식 점검 질문

- 어떤 전략을 가지고 학습할 것인가? (예, 스터디 그룹, 문제 세트, 연습 퀴즈, 교수자와 면담, 복습 등)
- 얼마나 많은 시간을 공부에 투자할 것인가?
- 수업 내용 중 어떤 것에 선택과 집중을 해야 하는가?
- 당신은 시험에 대한 체계적인 준비가 되어 있는가?
- 당신은 학교에서 제공하는 학습 지원 프로그램을 어느 정도 활용하는가?
- 학습에 대한 충분한 동기부여가 되어 있는가? 만약 그렇다면 이 수업을 들어야만 하는 이유를 명확하게 기억하고 있는가?
- 헷갈리는 점을 명확하게 이해하였는가? 어떻게 이해하게 되었는가?
- 아직도 헷갈리는 점이 있는가? 어떻게 하면 명확하게 이해할 수 있는가?
- 시험 준비를 효과적으로 하는 방법은 무엇이라고 생각하는가?
- 올바르지 않은 시험 준비 방법은 무엇이라고 생각하는가?
- 어떤 문제를 틀렸는가? 이유는? 당신이 생각하는 답과 정답엔 어떤 차이가 있는가? 아직 이해가 안 가는 점은 무엇인가?
- 이 수업에서 배운 내용이 당신에게 중요한 이유는 무엇인가?
- 이 수업을 성공적으로 마치는 것과 당신의 진로와는 어떤 관계가 있다고 생각하는가?
- 이 수업에서 어떻게 당신의 학습 정도를 파악하고 모니터링 할 것인가?

- 이 수업에서 가장 얻고 싶은 것은 무엇인가?

- 이 수업을 마친 후 당신의 능력 중 무엇이 향상되길 바라는가?

- 이 수업은 당신에게 어떤 도움을 주는가? 이 도움을 어떻게 극대화 시킬 수 있을까?

- 만약 이 수업이 학습에 도움이 되지 않는다면 당신은 무엇을 어떻게 할 것인가?

- 이 수업은 당신에게 흥미로운가? 더욱 흥미로운 코스가 되기 위해 해야 할 일은 무엇인가?

- 이 수업에서 배운 내용 중 무엇이 가장 기억에 남을 것 같은가?

- 다른 사람에게 이 수업을 추천해 주어야 한다면 당신은 무슨 말을 해 줄 것인가?

- 만약 당신이 교수자라면 어떻게 다르게 가르칠 것인가?

- 이 수업을 통해 배운 내용을 어떻게 삶에 적용하고 사용할 것인가?

― 학습유형검사와 학습전략검사

학습유형검사와 학습전략검사를 통해 당신의 학습 방법에 문제는 없는지, 효율적으로 학습하고 있는지 진단해 보도록 한다. 이런 심리검사는 자기 자신에 대한 이해를 높여주고, 학습에 도움이 되는 유용한 정보로 가득하기 때문에 당신에게 많은 도움이 된다. 상담자는 검사결과 분석표를 가지고 자기주도학습 방법에서부터 당신에게 맞는 학습전략까지 자세한 설명과 객관적인 해석을 제공해 줄 것이다.

― 해결책은 문제가 무엇인지 알아야 찾을 수 있다

문제가 무엇인지 정확하게 파악해야 해결책을 찾을 수 있다. 학습할 때 비판적 사고와 문제의식을 가져야 하는 중요한 이유다. 문제를 문제로 보지 않고, 무엇이 문제인지도 모르며, 그럴듯한 해결책부터 강구하는 것은 목적지가 어디인지도 모르며 무작정 달리는 것과 다를 바 없다.

― 당신의 태도에 변화가 있는가?

온전한 학습이 이루어지기 위해서는 당신의 태도에 변화가 있어야 하고, 배운 지식을 삶 속에 적용할 수 있어야 한다. 그래야만 새로운 습관이 생기게 되기 때문이다. 이 사실을 정확하게 인식하고 이해할 수 있어야 학습에 대한 생각과 태도가 더욱 깊어지고 자기 성찰이 가능해진다. 스스로 동기를 부여할 줄 알고 자기주도적인 학습을 해야 좋은 학습성과를 기대할 수 있고, 대학생활도 성공적으로 마칠 수 있다.

― 당신은 교수자, 선후배, 그리고 친구와 어떤 관계를 맺고 있는가?

상대방에게 잘 보이고, 인정받기 위해 남을 의식하며 행동을 하는 사람이 있다. 남을 의식한다는 말은 의식이 자신의 육체와 함께 있지 않고 남에게 가 있다는 말이다. 한마디로 '정신이 나간 사람'이다. 정신이 나간 상태이기 때문에 상대방에게 진정성 있는 관심을 보이거나, 집중하지 못하고 상대를 대충대충, 건성으로 대하면서 겉으로만 좋은 관계인 척 연기를 한다. 상대에 대한 충분한 이해와 신뢰를 구축하는 데 많은 시간과 에너지를 투자하는 게 아니라 가식, 거짓말, 그리고 허식으로 집착하고 자연스럽지 못한 연기를 하고 있으니 인간관계의 진정성은 사라질 수밖에 없다. 당신이 맺고 있는 관계의 질을 보면 당신의 삶이 보인다. 무엇인가를 받고 이용하기 위해 맺는 관계는 오래가지 못한다. 진실성이 결여되었기 때문이다. 대가와 조건이 없어야 인간관계가 지속되고 오래 유지될 수 있다. 당신은 교수자, 선후배, 그리고 친구와 어떤 관계를 맺고 있는가?

— 변화를 위해서는

- 실천이 필요하다.
- "아는 것"으로 그치는 99% 대열에서 빠져나와 행동으로 실천하는 1%의 대열로 들어가면 되는 것이다.
- "아는 것이 힘"이라고 하지만, 아는 것을 행동으로 실천했을 때만 힘이 된다.

— 진지한 성찰의 필요성

배우기 위해서는 투자가 필요하다. 지식을 습득하기 위해서는 시간, 돈, 에너지, 그리고 편안함보다 불편함을 선택하려는 강한 의지가 필요하다. 투자할 수 있는 자원은 제한적이기 때문에 무엇에 얼마만큼 투자를 해야 하는지 심사숙고하여 결정해야 한다. 목표를 달성했을 때 자신에게 돌아오는 혜택이 무엇인지 깊이 생각해 보지 않는 묻지마식 투자는 바람직하지 않다. 배움에 투자하기 전 한번 주어진 소중한 삶과 학습하는 행위가 서로 어떻게 연결되는지, 어떤 가치와 의미가 당신에게 있는지 진지하게 성찰해야 한다.

— 당신은 지금 서 있는 그 자리와 오늘을 소중하게 여기며 살고 있는가?

대학생은 빨리 졸업을 하고 취직을 하고 싶어한다. 항상 한 발짝 앞을 갈망한다. 오늘을 제대로 즐기지 못하고 내일만 생각하며 산다. 다가오지 않은 미래에 비중을 두다 보면 허상에 빠져 버리기 쉽고 다가오지 않은 불확실한 미래에 불안해하게 된다. 당신은 지금 서 있는 그 자리와 오늘을 소중하게 여기며 살고 있는가?

오늘을 살지 못하는 사람은 핑계를 대며 자기를 기만한다. 마치 무슨 일을 시작하지 못하는 것이, 기회가 없는 것이, 하고 있는 일을 열심히 하지 않는 것이, 순전히 나이 때문인 것처럼 말한다.

— 과거 현재 미래의 구분은 단절적인 것이 아니기 때문에 연속선상에서 이해되어야 한다

"지금" 이전의 시간까지를 과거라고 한다면, 크게 과거와 현재, 그리고 미래가 구분된다. 그러나 과거 현재 미래의 구분은 단절적인 것이 아니기 때문에 연속선상에서 이해되어야 한다. 표현상 과거, 현재, 미래를 구분하고 있지만 현재가 과거이고 미래이다. 최선의 노력을 다하지 않는 현재는 아름답지 못한 과거를 만들고, 미래 역시 원하고 바라는 미래와는 거리가 멀 것이다.

— 배경과 대사는 그 누구도 아닌 오로지 당신만이 만들어 가는 것

각자 맡은 역할이 있다. 당신의 역할이 마음에 들지 않는다고 불평해 봐야 아무 소용이 없다. 역할에 충실히 살아가는 방법밖에 없는 것이다. 역할은 주어졌지만 배경과 대사는 그 누구도 아닌 오로지 당신만이 만들어 가는 것이다.

— 성공하지 못하는 사람의 공통적인 특징

성공하지 못하는 사람의 공통적인 특징은 자신이 실패한 원인을 잘 알고 있으며, 그것에 대한 완전한 핑곗거리를 가지고 있다는 것이다. 핑계는 절대로 당신에게 행복을 가져다주지 않는다는 사실을 잊지 말자.

— 시간관리를 못하는 사람의 특징

- 결정에 근거해 행동하는데 무척 어려움을 겪는다.

- 늘 무언가의 방해를 받는다.

- 상황에 단순하게 반응만 하거나 그냥 충동적으로 행동한다.

- 무엇을 하려는지 제대로 알지 못하며, 그래서 목표 의식을 갖고 무언가를 하는 데 어려움이 많다.

- 큰 그림을 보지 못하기 때문에 온갖 사소한 일들에 얽매인다.

- 미루는 것이 생활화되어 있고, 시간이 부족하여 항상 바쁘다.

- 쉽게 해결할 수 있는 두려움을 피하기 위해 늘 걱정 속에서 사는 길을 택한다.

- 자꾸만 사소한 것에 신경을 쓰면서 집중을 하지 못한다.

— 목표를 어떻게 달성할지는 오로지 당신에게 달려있다

무언가를 제대로 한다는 말의 뜻은 그것에 충분한 관심을 쏟아서 당신이 목표한 바를 달성한다는 것이다. 목표가 무엇인지, 그 목표를 어떻게 달성할지는 오로지 당신에게 달려있다.

— 당신의 삶에서 무언가가 제대로 돌아가지 않는다면

당신의 삶에서 무언가가 제대로 돌아가지 않는다면 시간을 내어 그 문제를 분석해야 한다. 어디서부터 무엇이 잘못되고 있는지 찾아보자. 일단 문제를 파악하면 해결책은 쉽게 구할 수 있다.

1. 현상을 파악한다.
2. 상황이 잘못되는 정확한 시점을 찾아낸다.
3. 그것을 고친다.
4. 문제가 해결되었는가? 아니라면 다시 1단계로 돌아간다.

— 시간 관리를 위한 질문

결과 (Result).
당신이 정말 원하는 결과는 어떤 모습인가? 무엇을 얻고 싶은가? 눈으로 보듯이 생생하게 그려볼 수 있으면, 피부로 느끼듯이 당신이 원하는 결과를 상상할 수 있으면, 시간관리의 첫 단계는 일단 성공적이다.

목적(Purpose).
결과를 이루기 위한 목적은 무엇인가? 그 의도는 무엇인가?

— 무엇을 위해 그렇게 되어야 하나?

원하는 결과를 만들어 내야 하는 이유를 깊이 고민하였는가? 이것
은 당신을 앞으로 나가게 만들고, 시간 관리에 필요한 중요한 동력이
된다.

— 당신이 행복하고, 윤택하고, 즐겁게 살기 위해서는

시간관리는 남에게 잘 보이기 위해 하는 것이 아니라 행복하고, 윤
택하고, 즐겁게 살기 위해 하는 것이다. 시간관리가 스스로에게 족쇄
가 되도록 놔두지 말고, 그 과정 자체가 즐겁도록 만들어야 한다.

— 할 수 있지만 하지 않는 것

할 수 있지만 하지 않는 것은

나 자신에 대한 [   ] 이다.

— 삶을 바꿀 수 있는 힘은 이미 당신 안에 있다

우리는 종종 "나"를 무시한다. "나"를 남과 비교해 내가 가지지 못한 것을 찾아낸다. 그런 다음 나를 깔보기도 하고 나를 질책하기도 하고 나를 "못난이" 취급한다. 때론 나의 능력을 과소평가해 시도해 보지도 않고 포기해 버리는 경우가 허다하다. 쉽게 화를 내고 쉽게 흥분하면서 망가져 가는 나를 발견하게 된다. 삶을 바꿀 수 있는 힘은 내 안에 있는데 내 안에는 상상할 수조차 없는 많은 힘이 내재해 있는데 정작 내 안에 있는 것들은 살펴보지도 않고 남의 것에 눈을 돌린다.

— 효과적인 학습과 즐거운 학교생활을 위해서는

- 효과적인 학습과 즐거운 학교생활을 위해 당신이 참여할 수 있는, 그리고 지원받을 수 있는 교내 관계 기관의 프로그램과 서비스를 파악하고 적극적으로 활용한다.

- 도서관에 있는 수업과 관련된 저널과 시청각 자료의 리스트를 활용

- 교수학습개발센터의 학생지원 서비스와 프로그램 참여(학습동아리, 1:1 학습 코칭, 글쓰기 클리닉, 학습법 특강, 영어 논문 컨설팅, 멘토/튜터링 프로그램 등)

- 그 밖의 유익한 서비스를 제공하는 학생 상담센터, 취업센터 활용

— 사전 지식

어떤 학생은 월등한 사전 지식을 가지고 준비된 상태로 수업에 들어가지만 어떤 학생은 사전 지식 없이 호기심과 열정만으로 수업에 들어가기도 한다. 교수자는 사전 지식이 천차만별로 다른 학생의 필요와 요구를 충족시켜주기 위해 노력한다. 당신은 이 "노력"을 잘 활용할 줄 알아야 한다. 사전 지식이 부족한 학생은 교수자가 수업시간 전후로 제공하는 입문(기초) 자료를 철저하게 학습하여 부족한 사전 지식을 채워 나가고, 반대로 사전 지식이 많은 학생은 교수자가 추천하는 수업에 도움이 될 만한 도서(교과서 외)를 읽고 계속해서 지식을 증진시켜 나가야 한다.

— 수업에 대한 당신의 기대치 점검 퀴즈

- 왜 이 수업을 듣게 되었는가?

- 이전에 들었던 수업 중 이번 수업과 관련된 수업은 무엇인가?

- 이 수업에서 다뤄질 학습 주제와 관련하여 당신은 어떤 경험을 가지고 있는가?

- 이 수업에서 당신은 무엇을 배우기를 원하는가?

- 당신은 16주간의 수업 중 몇 번을 참석할 예정인가?

- 당신에게 맞는 가장 효과적인 학습방법과 전략은 무엇인가?

- 당신이 이 수업을 성공적으로 끝마치기 위해 넘어야 할 장벽은 무엇인가?

- 이 수업에서 당신이 기대하는 점수는?

- 지금 현재 당신의 워크 로드^{Work Load}는 어느 정도인가? (상, 중, 하)

- 당신은 이 수업에(기존의 수업과 비교하여) 얼마만큼의 워크 로드를 예상하고 있는가?

— 당신의 인생은 당신이 주인이다.

대학교에 와 있는 이유를 알지 못하는 학생이 많다. 대부분 취업을 위해, 다른 사람도 대학으로 진학하기 때문에, 부모님의 기대를 저버리지 않기 위해 등을 이유로 내세운다. 당신은 스스로 학교에 다녀야 하는 이유를 보다 분명하고 선명하게 찾을 수 있도록 노력해야 한다. 그래야만 자기주도적인 학습자가 된다. 학습이 무엇인지 깊이 생각해 보지 않고, 어떻게 학습하는 것이 효과적인지 모르며, 단순히 암기를 잘한다는 이유로 학습을 잘하고 있다고 장담할 수는 없다. 많은 학생은 학습에 수동적이고, 교수자, 부모님, 선배, 친구 그리고 상담자가 제시한 길을 무작정 걸어가거나 그들의 요구를 별생각 없이 따르는데 익숙해져 있다. 당신이 걸어가야 하는 길은 당신이 제시해야 한다. 당신의 인생은 당신이 주인이기 때문이다.

— 빅 퀘스천에 대한 답

빅 퀘스천(무엇을 배워야 하고, 왜 그러한지)에 대한 답을 자기 자신이 아닌 타인으로부터 쉽게 얻는 것을 바라지 말자. 이런 소극적인 태도는 학습 성취도, 지속 가능한 동기유발, 그리고 효율적인 학습에 중요한 집중력에 부정적인 영향을 미친다. 나중에 교수자, 선배, 멘토, 부모님, 친구 없이도 당신 스스로 무럭무럭 성장하고 건강한 삶을 살 수 있어야 하기 때문에 당신에게 맞는 효율적인 학습 방법은 빨리 찾으면 찾을수록 좋다. 물론 빅 퀘스천에 대한 답도 당신이 해야 한다.

— 지식을 온전히 자기 것으로 만들기 위해서는

수업은 많은 관중이 보는 운동경기가 아니다. 그저 편하게 앉아서 교수자의 강의를 듣는 것만으로 학습이 이루어지는 건 당연히 아니다. 수업 내용을 가지고 서로 이야기해 보고, 글로 작성해 보고, 과거의 경험과 관련지어 보고, 실생활에 적용해 보아야 한다. 그래야만 지식이 온전히 자기 것이 된다.

— 예상 문제 만들기

친구와 같이 퀴즈나 시험에 나올 예상 문제를 만들면서 수업 내용에 대해 깊이 생각해 보고, 대표적 주제, 다른 견해에 대한 비교, 이론의 적용과 활용, 그리고 그 밖의 상위 사고 기술을 탐색해 보도록 하자.

— 공유하고 비교해 보는 시간

노트 필기를 잘못하는 학생은 학습에 많은 어려움을 겪는다. 강의를 열심히 듣는 하나 효과적인 노트 필기 방법을 모르기 때문에 무엇을 기록으로 남겨야 학습에 도움이 되는지 잘 모른다. 그 결과로 복습하거나 리포트를 작성할 때 곤란한 경우가 많이 발생한다. 중요한 콘셉트에 대한 설명을 들은 후 필기한 노트를 친구와 공유하고 비교해 보는 시간을 갖도록 한다. 특히 저학년 수업, 입문 수업, 그리고 비전공 수업에서는 필수적으로 말이다.

— 당신을 스스로 학습하게 만드는 "그것"은 무엇인가?

당신을 스스로 학습하게 만드는 "그것"이 무엇인지 곰곰이 생각해 보아야 한다. 학습할 때 친구와 잡담을 하고 싶거나, 학습과 관련없는 활동을 하고 싶은 욕구에 사로잡혀 있다면 학습에 동기부여가 되어 있는 상태가 아니라고 봐도 무방하다. 그런 경우에는 학습을 중단하고 학습 동기를 먼저 찾아보아야 한다.

— 동기부여보다 더 강력한 것은 바로 습관

동기부여보다 더 강력한 것은 바로 습관이다. 습관적으로 학습할 때는 동기부여를 찾을 필요성조차도 없어진다. 처음에는 쉽지 않지만 동기가 부여된 상태에서 습관적으로 학습을 해 나가게 되면 나중에는 매일매일 학습하는 것이 생각보다 어렵지 않을뿐더러, 안 하면 오히려 마음이 불편해질 것이다. 계속 운동을 해 온 사람이 운동을 안 하거나 못하는 날에 몸이 더욱 찌뿌둥한 것처럼 말이다.

— 만만치 않은 학비

학비가 만만치 않다. 부모님은 여전히 자식의 교육을 위해 헌신하며 뒷바라지를 하고 있다. 학생도 마찬가지로 학비를 마련하기 위해 대출도 받고 아르바이트도 한다. 많은 빚을 진 상태로 졸업해야 하는 것이 공공연한 지금의 현실이다. 어떤 학생은 학교와 집을 오고 가며 수업만 듣는 학생이 있는가 하면, 어떤 학생은 학교에서 제공하는 여러 가지 서비스와 프로그램에 적극적으로 참여하며 투자 대비 더 큰 수익을 자기 몫으로 챙겨간다. 투자 대비 본전도 못 찾는 학생도 있고, 딱 투자 액수만큼 만 찾아가는 학생도 있다. 교환학생 프로그램, 취업 진로 상담, 학습전략 상담, 특강, 워크숍, 학습 공동체 서비스 등 수업 이외의 다양한 서비스와 프로그램에 참여하여 자신의 무형재산을 꾸준히 늘려나간다면 내고 있는 학비보다 더 많은 혜택을 돌려받게 될 것이 분명하다.

— 모교에 대한 자부심

학생의 생활에 가장 중심이 되는 곳은 단연 학교이다. 이곳에서 학생은 책과 씨름하며 사색에 잠기고, 친구와 어울려 거닐며 인생의 가장 화려한 시절인 20대를 보낸다. 그 배경이 되어주는 학교를 당신은 얼마나 사랑하고 있는가? 학교에 대한 불만이 가득하고, 이미 마음이 떠난 상태로 편입을 준비하고, 모교에 대한 자부심 없이 온전한 학습이 과연 이루어질 수 있을까? 학교는 또 다른 당신의 얼굴이다. 학교를 부정하는 것은 자기 자신을 부정하는 것과 별반 다르지 않다. 당신의 역량이 곧 학교의 역량이라는 사실을 단 한 순간도 잊지 말아야 한다.

— 꿈과 현실의 차이

꿈과 현실의 차이는 오로지 실행에 있다. 실행 없는 꿈은 꿈으로 영원히 남게 되지만 실행에 옮기면 꿈은 현실로 이루어질 수 있다. 두드려야 문은 열린다. 모든 이슈[Issue]에 대한 최선의 그리고 최적의 솔루션[Solution]은 이미 당신이 가지고 있기 때문에 내면의 소리에 귀를 기울여 실행에 옮기도록 하자. 실행 없는 꿈은 망상에 불과하다는 것을 잊으면 안 된다.

— 콩 심으면 콩 나고 팥 심으면 팥 난다

콩 심으면 콩 나고 팥 심으면 팥 난다. 가을에 큰 수확을 위해 당신이 지금 바로 해야 할 일은 씨앗을 뿌리고, 물을 주며, 지극 정성으로 돌보는 것이다. 현재를 중요하게 여기지 않고, 해야 할 일에 집중하지 못하며, 미래에 대한 걱정으로만 가득하다면, 당신에게 심각한 문제가 있다고 봐야 한다. 팥을 심고 콩이 나오는 것을 기대하는 것은 어리석은 일이다. 아무것도 심지 않고 무엇인가를 얻으려 하는 것은 더더욱 그렇다. 지금 당장 현재를 붙잡고 해야 하는 일에 착수하자. 정성과 노력만이 당신이 원하는 결과를 따라오게 만든다.

— 학문을 닦는 일보다 더 소중하고 중요한 일은 없다

요리사는 요리를 하고, 선생님은 학생을 가르친다. 가수는 노래를 부르고, 의사는 환자들의 병을 고쳐준다. 저마다 책임을 지고 담당해야 하는 일이 있다. 그렇다면 학생이 해야 하는 일은 무엇인가? 학업에 매진하는 것 아닐까? 학생도 "직업"이다. 다른 직장인과 마찬가지로 오전 8시 30분부터 오후 5시 30분까지 직업의식과 직업윤리를 가지고 주어진 업무에 충실해야 한다. 친구와 만나고, 운동을 하고, 자기계발을 하고, 문화생활을 누리는 것은 "업무" 후에 즐기도록 한다. 학생에게 학문을 닦는 일보다 더 소중하고 중요한 일은 없다.

— 대학 4년 동안 어디에 초점을 두고 학습을 하는 것이 좋을까?

대학 4년 동안 어디에 초점을 두고 학습을 하는 것이 좋을까? 당신을 만드는 재료 두 가지가 있다. 하나는 다양한 경험이고 다른 하나는 지식이다. 영어영문학을 전공하든, 재료공학을 전공하든, 대학 4년 동안 전문가가 되어 졸업한다는 것은 현실상 불가능하다. 전문가가 되기 위해서는 석사, 박사 학위를 받고 더 깊이 학습해 나가야 하기 때문이다. 결국, 대학교 때 전공의 차이는 강의 몇 개, 책 몇 개 더 학습한 것 외에는 큰 차이점이 없다. 그렇다면 대학 4년 동안 바람직한 목표 설정은 나를 만드는 재료를 되도록 많이 확보하는데 두는 것이 바람직하다. 열린 마음과 적극적인 태도로 교양과목이든 전공과목이든 골고루 지식을 습득해 내 것으로 만들고, 무형재산인 다양한 경험을 쌓는다면, 풍부한 재료를 바탕으로 도약할 수 있는 준비된 당신의 모습을 보게 될 것이다. 머릿속에 더 중요한 과목 덜 중요한 과목을 나누지 말고 다양한 모양의 레고 블록을 많이 확보하는 것이 중요하다.

— 걱정하는 이유

미래에 대한 걱정이 지진 해일처럼 몰려오는 이유는 다름 아닌 당신이 지금 당장 해야 할 일을 안 하고 있기 때문이지 않을까? 당신의 머릿속엔 언제, 무엇을, 어떻게, 왜 해야 하는지에 대한 최적의 답으로 이미 가득 차 있다. 머리는 계속하여 지시하지만, 몸은 다른 것을 하고 있다. 머리와 몸의 갭Gap이 켜지면 커질수록 사람의 마음은 근심과 걱정으로 가득 차게 된다. 학습해도 학습한 것 같지 않고, 쉬어도 쉰 것 같지 않은, 이도 저도 아닌 찜찜한 기분을 누구나 경험해 보았을 것이다. 밥을 지으려면 밥을 짓고 죽을 쑤려면 죽을 쒀야 한다. 밥도 아닌 것이 그렇다고 죽도 아닌 것이 마음을 편치 못하게 한다.

— 마음과 행동의 불일치

언제, 무엇을, 어떻게, 왜 해야 하는지에 대한 최적의 솔루션으로 이미 가득 차 있는 당신이 행동으로 실천하지 못하는 주된 이유는 무엇일까? 아마 가장 큰 이유는 절박함과 절실함이 없기 때문일 것이다. 당신은 무엇에 절박한가? 무엇을 절실하게 원하는가? 사람은 절박하고 절실한 것에만 움직이게 되어있다. 지금까지 문제의식 없이 살던 당신이 갑자기 변화해야 할 이유를 찾는 것은 쉽지 않다. 당신이 학습에 전념하지 못하는 이유가 절박함과 절실함이 없어서이지 않을까?

— 스티브 잡스의 물음

스탠포드 대학교에서 스티브 잡스의 졸업식 연설을 동영상으로 접한 적이 있다. 그는 33년 동안 매일 거울 앞에서 자신이 내일 죽는다면 현재 하고 있는 일이나 해야 할 일을 그럼에도 불구하고 계속 할 것인가에 관해 물어보았다고 한다. 그 물음에 대한 답이 여러 차례 "아니오"가 나온 일은 과감히 접고 자기 죽음 앞에 명확하게 드러나는 가치 있고 의미 있는 일에만 평생 집중해 왔다고 한다. 당신은 한

번 주어진 삶을 어떤 일을 하고, 무슨 생각을 하며 보내고 있는가? 당신에게 지금 현재 가장 가치 있고 의미 있는 것은 무엇인가? 내일 죽는다는 통보를 받더라도 오늘 하고 싶은 것이나 해야 하는 일은 무엇인가? 자신과의 진지한 고민을 계속해 나가길 바란다. 얄팍한 방법과 노하우로만은 절대 높은 건물을 지을 수 없다는 사실을 잊지 않기를 바란다.

— 학습과 공부의 차이

To Learn :
to gain knowledge or skill by studying, practicing, being taught, or experiencing something.

학습이란:
지식이나 기술을 공부를 통해 습득하는 것을 말한다. 연습하고, 가르침을 받고, 어떤 것을 경험하는 것이 포함된다.

To Study :
to read, memorize facts, attend school, etc, in order to learn about a subject.

공부란 :
읽거나, 사실을 암기하거나, 학교에 다니는 등 과목에 대해 학습하기 위한 모든 것이 포함된다.

출처: Merriam-Webster Dictionary

─ 자신에 대한 믿음

자기 자신에 대한 믿음이 흔들리지 않도록 해야 한다. 마음 한구석에 자리 잡고 있는 자신에 대한 무한한 신뢰, 그리고 견고한 믿음을 굳건히 지켜내야 한다. 자신과의 약속을 지켜나갈 때, 그리고 강력한 실행력을 바탕으로 꿈을 현실로 만들어 나갈 때, 자신에 대한 믿음은 더욱 견고해진다. 티끌을 모아야 태산이 되는 것처럼 비록 지금 자신에 대한 믿음이 크지 않더라도, 작은 약속을 계속 지켜나간다면, 자신에 대한 믿음은 무럭무럭 자라게 될 것이다.

─ 당신이 처한 환경

인내는 쓰고 열매는 달다. 최상급의 와인은 척박한 환경에서 나온 포도로 만들어진다. 일반 작물이 자라기 어렵게 보이는 자갈밭과 큰 일교차는 포도의 당이 높아지기 위해 반드시 필요한 필수조건이다. 당신이 처한 환경이 풍요롭지 못하고 척박하다고 불평만 늘어놓지 말고 높은 당도의 포도를 수확하기 위해 강인한 생명력을 바탕으로 서 있는 곳에 뿌리를 내려야 한다. 상대적으로 좋은 환경에서 자란 포도는 대량생산에 적합한 와인의 재료가 될 뿐이라는 사실을 잊지 않도록 한다.

― 학습의 목적

단순히 졸업장을 손에 얻기 위해 학습하는 것은 바람직하지 않다. 지속 가능한 동기부여를 찾기 어렵기 때문이다. 한번 주어진 소중한 삶을 어떻게 살아야 하는지, 나는 누구인지, 학습이 삶에 어떻게 연결이 되고 어떤 가치와 의미가 있는지를 곰곰이 성찰한 후 학습방법과 테크닉을 접목해야 높은 빌딩을 지을 수 있다. 자기 성찰은 기초공사와 다름없다. 더 높이 건물을 세우기 위해서는 건실한 기초 공사가 우선이다. 기초 공사 없이 단순히 방법과 테크닉으로는 높은 건물을 세우기가 어렵다. 학습하는 이유를 명확하게 설명하지 못하는 학생에게 시간관리 방법이나 집중하는 방법이 무슨 도움과 의미가 될 수 있을까? 두말할 나위 없이 취업하는 것은 중요하다. 그러나 대학교에서 학습하는 이유가 단순히 취업을 위해서라고 말하는 것은 결코 충분하고 타당한 이유가 되지 못한다. 인간은 사색하는 동물이다. 주어진 삶과 자기 자신에 대해 치열하게 고민하고, 반성하고, 생각하고, 새로운 깨달음을 발견하며 살아야 한다. 자신과의 진지한 대화를 계속해 나가고, 정말 중요한 화두를 놓지 않아야 인간다운 인간으로 살 수 있다.

― 나를 만드는 재료

아는 만큼 보게 되고 아는 만큼 듣게 된다. 재미없고 쓸모없이 보이는 과목을 왜 배워야 하는지 의문이 들 때가 반드시 생기게 된다. 그러나 잊지 말아야 하는 사실 중 하나는 취업에 도움도 안 되고, 삶에도 별 도움이 안 될 것처럼 보이는 지식마저도 당신이 의식하든 의식을 하지 못하든 나중에 중요한 결정을 내리거나 판단을 할 때 반드시 영향력을 미치게 된다. 다양한 지식과 경험을 통해 당신은 세상과 소통하고, 현상을 해석한다. 그렇기 때문에 지식을 습득함에서 더 중요하고 덜 중요한 (나름대로 머릿속에 분류된) 지식은 존재하지 않는다. 열린 마음을 가지고 당신이 미처 몰랐던 새로운 "나"를 발견하기 위해 적극적으로 수업에 임한다면, 언제 어디서 나타날지 모르는 기회를 잡게 되고, 당신이 걸어가야 할 길은 더욱 명료해지기 시작할 것이다.

― 오늘 할 일을 내일로 미루는 이유

당신이 지금 무엇을, 어떻게, 왜 해야 하는지 잘 알고 있음에도 불구하고 행동을 나중으로 미루는 이유는 무엇일까? 미루는 습관은 당신에게 무엇을 말해 주고 있는가? 사람은 자신에게 의미 있고, 가치가 있으며, 흥미로운 일에만 집중하게 된다. 중요하고 시급한 일이라고 판단되지만, 자신에게 의미와 가치가 없고, 재미 또한 없다면 집중하기 어려워지는 것은 당연하다. 어떤 일을 수행할 때 나중으로 미루는 행위가 지속된다면 그 일에 대해 다시 한 번 생각해 보아야 할 필요가 있다. 좋아하지 않는 일을 억지로 하는 것은 아닌지, 만약 그렇다면 그 이유는 무엇인지에 대해 곰곰이 생각해 보아야 한다. 좋아하지 않은 일은 당신의 몸과 마음이 그대로 말해 주기 때문이다.

— 시작과 끝이 다른 이유

학습할 때는 최선의 노력을 다해야 한다. 어떠한 경우라도 초심을 잃지 않는다면 언젠가는 원하는 결과를 반드시 얻게 된다. 행동의 시작과 끝이 항상 같을 수 있도록 노력하고 또 노력하자. 어떠한 경우라도 시작과 끝은 같아야 하는 데 노력을 게을리하면 시작과 끝은 다르게 된다.

— 실패에서 배우지 못하면 어리석은 사람

사람이기 때문에 누구나 실수를 저지르고 실패를 경험한다. 중요한 것은 똑같은 실수를 반복하지 않고, 실패를 경험한 후 중요한 교훈을 얻어 성공의 디딤돌로 만드는 것이 아닐까? 실패를 경험하고도 아무것도 배우지 못하는 사람은 발전할 수 없다. 실수에 대한 변명은 늘어놓으면 늘어놓을수록 구차해진다.

— 개미와 베짱이

베짱이처럼 아무 준비 없이 여름을 즐기기만 한다면 겨울에 어떤 일이 발생 할까? 개미가 땀 흘리며 다가올 겨울에 대비해 열심히 식량을 비축하는 동안 베짱이는 여름에 놀고 마시며 하루하루를 보냈다. 더운 여름이 가고 추운 겨울이 오자 베짱이는 결국 개미에게 음식을 동냥하러 간다. 모든 일에는 때가 있다. 여름엔 겨울을 대비해 열심히 뛰어야 한다. 학습도 마찬가지다. 학습할 수 있을 때 열심히 학습해야 한다. 추운 겨울에 음식을 동냥하러 다니는 자신의 모습이 애처롭지 않은가?

─ 엉뚱한 예언

당신은 끊임없이 미래에 대해 예측을 하며 살아간다. "내가 만약 ~라면 미래엔 ~것이다." 라고 말이다. 사람이 저지르는 인지적 오류 중에서 자신과 세상에 관한 정보를 처리할 때 충분하고 올바른 근거 없이 부정적인 미래를 예측하는 것을 "예언하기"라고 부른다. 불확실한 예측을 사실처럼 가정하고 행동하는 것이다. 근거 없는 엉뚱한 예측으로 인하여 지금 현재를 소중히 여기지 않고 그냥 흘려보내고 있지는 않은지 점검해야 한다. 점쟁이도 아닌 당신이 사실이 아닐지도 모르는 것에 대하여 단정 짓는 것은 어리석은 행동임이 분명하다.

─ 즐긴다는 것

즐긴다는 것은 만끽한다는 것, 누린다는 것, 애호한다는 것, 오락한다는 것, 논다는 것, 향락한다는 것, 그리고 좋아한다는 것이다. 열심히 학습하는 것과 열심히 학습하려고 노력하는 것은 즐기면서 학습을 하는 것과는 큰 차이가 있다. 좋아하는 게임처럼 학습하는 사람을 당해낼 자는 많지 않을 것이다. 학습 자체가 좋아 저절로 보상이 이루어지는 사람에게 무엇이 더 필요하단 말인가? 학습 활동은 그 자체로 충분히 즐거울 수 있다. 학창 시절에 그 즐거움을 맘껏 경험해 보자.

― 자신에게 엄격하기

자기 경영에 있어 엄격한 통제, 관리, 기준, 평가는 반드시 필요하다. 이루고자 하는 목적에 따라 자신의 행동을 통제해야 하고, 높은 기준을 가지고 올바른 평가를 해야 하며, 이 모든 것이 가능하도록 지속적인 자기 관리가 이루어져야 한다.

― 교수자는 배움을 갈구하는 학생에게 끌린다

배움을 갈구하지 않는 학생을 데리고 교수자가 할 수 있는 일은 많지 않다. 교수자는 배우고자 하는 의지가 부족하고, 마음의 문을 닫아버린 학생까지 보듬고 갈 시간적 그리고 정신적 여유가 없다. 교수자는 전공에 대한 자부심이 높기 때문에 전공에 대해 지대한 관심을 가지고 학습에 열심히 임하는 학생에게 관심을 갖게 된다.

― 실천 없는 지식과 경험

많은 지식을 습득하고 다양한 경험을 쌓더라도 실천이 없다면 과연 무슨 소용이 있을까? 몰라서 실천하지 못하는 것은 용납할 수 있지만, 알면서도 실천하지 못하는 것을 도대체 어떻게 설명할 수 있을까?

― 사람의 앞일은 알 수 없다

미래가 어떻게 펼쳐지게 될지 아는 사람은 없다. 항상 비가 오는 것은 아니다. 항상 비만 올 수도 없다. 창창한 날도 있고, 바람이 부는 날도 있으며, 우박이 쏟아지는 날도 있다. 오늘 비를 맞으면서도 맑은 내일을 기다리고 준비하면 된다. 초등학교 때 공부 잘하던 친구가 대학교 때 방황 할 수도 있고, 중학교 때 나쁜 짓 하던 친구가 반듯한 대학원생이 될 수도 있다. 누가 언제 어떻게 될지는 아무도 정확히 예측할 수 없기 때문에 지금 당신이 처한 환경이 좋지 않다고, 당장 부족한 것이 많더라도 절망하고, 포기하고, 좌절할 필요가 전혀 없다.

― 평생 기억에 남아야 제대로 학습한 것이다

학습 내용이 4개월에서 5개월간 지속적으로 머릿속에 남아 있어야 온전하게 학습한 것으로 볼 수 있다. 습득한 지식은 자기 것으로 만들어야 평생 기억에 남을 수 있는데 벼락치기는 온전한 학습방법이 아니라는 것을 많은 연구 결과가 증명해 주고 있다. 지식을 "장기기억 창고"에 저장하기 위해서는 새로운 기술이나 정보를 시간적 간격을 두고 반복하여 익히는 것이 좋다.

— 배경 지식은 왜 중요한가?

많은 것을 배울 수 있는 첫 번째 전제 조건은 배경지식의 풍부함이다. 이미 알고 있는 내용과 새로운 내용을 연결하는 것은 어렵지 않지만, 생소하거나 잘 모르는 내용에 새로운 내용을 연결하는 것은 결코 쉬운 작업이 아니다. 효과적으로 학습한다는 것은 새로운 지식을 기존의 배경 지식과 연결한다는 것이다. 그래야만 지식을 융합하고 응용할 수 있는 역량이 커지게 되고, 이해력이 높아지게 된다. 배경지식이 부족하다고 판단이 되면 수업을 들으며 채워야 할 배경지식도 같이 학습해야 한다. 구구단을 모르면 곱셈 계산을 할 수 없지 않은가?

— 성취동기

성취동기가 높은 학생이 학업에 매진하게 되는 것은 당연하다. 성취동기가 높은 학생은 결과가 나쁘더라도 남과 환경을 탓하지 않고 성공을 위해 더욱 분발하고 노력한다. 항상 성공에 목 말라 있으며 운보다는 자기 자신을 믿는 경향이 강하다. 실패에 좌절하지 않고 성공을 경험하기 위해 포기하지 않는다. 크고 작은 성공 경험이 모여 더 높은 성공을 위해 도전하게 되는 것이다. 반대로 성취동기가 낮은 학생은 학습에 어려움을 겪을수록 관심을 다른 곳으로 돌릴 확률이 높아지기 때문에 작은 성공부터 차근차근 경험해 나가는 것이 중요하다.

― 학습된 무기력

 "아무리 노력해도 난 이것밖에 안 될 거야." "참담한 결과는 불 보듯 뻔해." "어차피 내가 한 일은 별로 중요하지 않아." 무엇을 해도 좋지 않은 결과를 피해 갈 수 없다는 생각과 자기가 하고 있는 일이 가치 없다고 느끼는 것은 학습된 무기력으로부터 나온다. 성공 경험이 적고 실패 경험이 많은 학생이 부정적인 평가와 피드백으로부터 자신을 보호하기 위해 극단적인 방법을 사용하는 것이다. 여기서 자신감 회복이 우선시 되어야 하는 데 능력보다 노력의 중요성을 올바로 인식하는 것이 중요하다. 자신과의 크고 작은 약속들을 지켜나가고 달성 가능한 목표를 세워 도전하는 것은 학습된 무기력을 감소시키는 데 필수적이다.

― 스스로 설정한 목표를 이루기 위해서는

 내가 아닌 남이 설정한 목표로부터 의미와 가치를 찾는다는 건 쉬운 일이 아니다. 그렇기 때문에 평소에 조용히 생각할 시간을 가지며 자신을 위한 목표를 설정하는 것이 중요하다. 한번 주어진 소중한 삶 속에 이정표와 동력이 되어 줄 목표를 세우는 작업은 그 누구도 대신해 줄 수 없기 때문이다.

— 온전하고 진정한 상태의 "나"의 결과물

정신이 나간 사람은 어떤 계획을 세울까? 정신이 나간 사람은 어떤 말을 할까? 정신이 나간 사람은 어떤 페이퍼를 쓸까? 정신이 나간 사람은 어떤 꿈을 꿀까? 정신이 나간 사람은 어떤 행동을 할까? 아마 당신도 어렵지 않게 예측할 수 있을 것이다. 정신이 나간 계획을 세우고, 정신이 나간 말을 하며, 정신이 나간 페이퍼를 쓰고, 정신이 나간 꿈을 꾸며, 정신이 나간 행동을 하지 않을까? 정신이 나간 사람이 정신이 나간 결과물을 만들어 내는 것이 당연하지 않은가? 당신의 몸과 정신은 항상 일치되어 있어야 한다. 그래야만 온전하고 진정한 상태의 "나"라고 말할 수 있다. 온전하고 진정한 상태의 "나"의 결과물만이 당신이 추구해야 하는 결과물이다.

— 당신을 풍요롭게 만드는 일

자율적이고 독립적으로 존재하여야 한다. 외부의 보상이나 위협에 의해 쉽게 흔들리지 말아야 한다. 눈앞의 이익만 생각하지 말고, 당신이 좋아서 하는 일에 많은 시간을 투자해야 한다. 오로지 당신을 풍요롭게 만드는 일에만 열중하자.

— 남과 비교하는 순간

절대로 당신을 남과 비교하면 안 된다. 이 세상에서 가장 소중하고 존귀한 존재는 바로 당신이다. 설사 당신에게 부족한 점이 있어도 깔보거나 무시하면 안 된다. 당신의 능력을 함부로 과소평가하여 어떤 일을 시도해 보지도 않고 포기해 버리는 일이 절대로 없어야 한다. 남과 비교하는 순간 초라함은 밀물처럼 몰려오고, 감사하는 마음보다 불평이 쌓이게 된다. 삶을 바꿀 수 있는 힘은 이미 당신 안에 가득하다.

— 진정한 행복

진정한 행복은 남과의 비교가 없는 절대적인 행복이다. 다른 대상과 기준 없이 스스로 행복할 수 있어야 한다. 당신 그 자체로 충분히 평화로울 수 없다면 그것은 진정한 행복이 아니다. 김태희를 닮을 필요도 없고 박근혜 대통령같이 되려고 애쓸 것도 없으며, 워렌버핏을 부러워할 것도 없다. 세상에 단 하나뿐인 존귀한 당신을 왜 남과 비교하려고 하는가?

— "나 답다"라는 말

저마다 가야 할 길이 따로 있고 해야 할 일이 따로 있기 때문에 친한 친구도, 당신을 길러준 부모도, 당신이 가야만 하는 최종 목적지에 동행할 수가 없다. 당신이 당신 다울 때, 당신이 당신만의 삶을 살고 있을 때, 가장 행복 할 수 있다는 사실을 잊지 말아야 한다.

― 정말 원하고 바라는 삶

정말 원하고 바라는 삶을 살아가면 그게 성공이고 행복이다. 그 자체로 이미 너무 아름다운 이야기인 것이다. 다른 사람이나 환경에 끌려다니면 절대로 행복할 수 없다.

― 당신의 목적지를 향해

당신이 가야 할 길은 오로지 당신만의 결정으로, 당신의 방식대로, 당신의 속도로 가면 된다. 어차피 옆 사람과 당신이 가는 길은 다르다. 그렇기 때문에 옆 사람이 어디를 가는지, 얼마나 빨리 가는지 기웃거릴 필요가 없다. 묵묵히 당신의 목적지를 향해 나아가면 되는 것이다.

― 시간을 지배해야 하는 이유

"난 시간이 부족해" 라는 말을 습관처럼 하는 사람이 있다. 주어진 소중한 삶을 당신은 도대체 누구를 위해 살아가고 있는가? 회사를 위해 인생을 바쳐야 하는 건가? 돈을 벌기 위해 다른 모든 것을 참고 포기해야만 하는 건가? 당신에게 시간은 무한정 주어진 게 아니다. 언제 삶이 끝나게 될지는 아무도 모른다. 이런 유한한 시간 속에서 사는 당신은 정말 소중하고 의미 있는 것이 무엇인지 깊이 생각하고, 그것에만 오롯이 집중하여야 한다. 하루 24시간을 당신만을 위한 시간으로 써야 한다. 다른 사람에게만 할애하던 시간을 당신에게 돌려주어야 한다. 당신이 절실히 원하고, 사랑하고, 의미 있는 것을 이루기 위해 시간을 지배해야 한다.

― 자기방어와 구차한 변명

시간 관리가 어려운 사람은 다른 사람은 물론 자기 자신에게도 '아니오'라고 말하는 것을 어려워한다. 어려운 일을 계속 미루며 구차한 변명을 늘어놓고 자신을 방어하기에 바쁘기만 한다.

― 우선순위와 시간 관리

효과적인 시간 관리를 위해서는 우선순위에 따라 중요한 일을 해야 한다. 시간 관리는 남에게 잘 보이려고 하는 것이 아니라, 낭비적인 활동에 쓰는 시간을 줄여 여유 있는 생활을 즐기며, 재미있게 살기 위해 하는 것이다.

― 당신에게 선물처럼 주어진 하루를 후회 없이 보내야 하는 이유

모든 사람에게 공평하게 주어진 유일한 것은 시간이다. 하루가 모여 주가 되고, 주가 모여 달이 되며, 달이 모여 해가 된다. 하찮게 여겨 낭비하는 초 단위의 시간은 차곡차곡 모여 삶을 은밀하지만 확실하게 바꿔 놓는다. 시간은 당신에게 무한정 주어진 것이 아니다. 그러나 문제는 시간이 무한하게 주어진 것처럼 삶을 살고 있다는 것이다. 언제 당신에게 죽음이 찾아올지는 아무도 모른다. 불편한 진실이지만 죽음을 피할 수 있는 사람은 없다. 오늘 당신에게 선물처럼 주어진 하루를 후회 없이 보내야 하는 이유다.

― 죽음을 향해 달려가는 존재

태어나는 순간 인간은 죽음을 향해 달려가는 존재다. 언제 마지막 숨을 거두게 될지 모르기 때문에 오늘을 삶의 마지막 날처럼 여기고 멋지게 살아야 한다. 지나간 오늘을 다시 영위할 수 없고, 하루하루가 당신에게 실제로 마지막 오늘이다. 내일은 당신에게 올 수도 있고, 안 올 수도 있다. 시간을 정말 소중히 여기고 아껴야 하는 이유다.

― 경험과 융합하여 넓어진 당신의 지평

어제의 당신이 오늘의 당신과 같을 수 없고, 내일의 당신이 오늘의 당신과 같을 수 없다. 경험과 융합하여 넓어진 당신의 지평 때문이다. 경험은 누적되어 새로운 방법과 사고를 가능하게 해준다. 그러나 경험의 효과를 제대로 누리기 위해서는 당신이 해야 할 일이 있다. 첫째, 경험을 깊이 있게 고찰하여 당신만의 자산으로 만들어야 한다. 경험만 많다고 좋은 것은 아니다. 경험을 통해 당신을 알아가야 한다. 알면 알수록 당신이 가지고 있는 수많은 도구와 재능을 마음껏 활용하고 사용할 수 있기 때문이다. 둘째, 경험을 통해 새로운 깨달음을 얻어야 한다. 깨달음은 살아 숨 쉬는 배움이다. 당신의 의식을 확장해 주고 감겨있는 눈을 뜨게 만든다. 경험은 이렇듯 날마다 당신을 새롭게 만들어 준다. 어제보다 오늘의 당신이 더 발전적이고 나아지도록 지금 경험하고 있는 모든 것을 소중히 여기고, 많은 깨달음으로 당신의 무형재산을 늘려나가야 한다.

― 어렵고 불편하고 힘들었던 강의만 기억에 남는다

노력 없이 무엇인가를 쉽게 얻으려는 마음은 버려야 한다. 정당한 대가를 치르지 않고 무언가를 얻겠다는 마음은 도둑놈 심보와 같다. 쉽게 번 돈은 쉽게 쓰게 된다. 쉽게 습득한 지식은 쉽게 잊어버린다. 대학교 때 들은 수많은 강의 중에 기억에 남는 강의는 이상하게도 쉽고, 편하고, 즐거웠던 강의가 아니라 어렵고 불편하고 힘들었던 강의다.

― 관심과 사랑

기적은 노력하는 자에게만 일어난다. 한 걸음 한걸음에 충실하여야 목적지에 도착할 수 있다. 세상에 공짜는 없다. 뿌린 대로 거둔다. 콩을 수확하고 싶으면 콩을 심고 잘 보살펴야 한다. 팥을 수확하고 싶으면 팥을 심고 잘 보살펴야 한다. 관심과 사랑을 가지고 물과 비료를 주어야 한다. 당신이 원하는 모든 것은 피나는 노력과 정성 없이는 결코 얻을 수 없다. 다른 사람의 성공을 마냥 부러워하거나 질투 어린 눈빛으로만 바라보지 말고, 그 대신 당신은 오늘 무엇을 심고, 어떤 노력을 했으며, 어떤 대가를 치렀는지 반성해 보자.

— 구호 외치기로 끝나는 것에 대하여

"계획표를 세우고, 계획표대로 실천하려고 노력할 것입니다." "자투리 시간도 잘 활용한다면 무의미하게 보내는 시간을 많이 줄일 수 있다고 생각합니다." "늦게 자고 늦게 일어나는 생활 방식을 버리고, 일찍 자고 일찍 일어난다면 하루를 조금 더 여유롭게 보낼 수 있을 것 같습니다." 틀린 말 하나 없이 모두 맞는 말이다. 그런데 자세히 보면 큰 문제가 보이기 시작한다 "~할 것입니다", "~한다고 생각합니다", "~을 위해 노력할 것입니다" 로 끝나는 말은 결국 당신이 현재 하고 있어야 하는 중요한 일을 알면서도 하고 있지 않다는 안타까운 외침이다. 구호를 외치는 것으로 끝나는 즉, 실천이 뒷받침되지 않는 말로 당신의 삶에 변혁을 기대할 수는 없다.

— 문제 파악에 99%의 노력을

문제를 정확하게 파악만 한다면 답은 이미 찾아진 것이다. 무엇을 어떻게 해야 하는지가 선명하게 보이게 된다. 문제 파악에 99%의 노력을 다하고, 나머지 1%를 답하는데 시간을 투자하자.

─ 절박함을 가지고 한 일

절박함을 가지고 맡은 바 책임과 임무를 다하여야 한다. 절대로 요령을 피우지 말자. 대충대충, 건성으로 일을 처리하지 말자. 배수진을 친 사람과 그렇지 않은 사람의 절박함은 근본부터 다르다. 절박함을 가지고 한 일의 결과는 빛나고 아름다울 수밖에 없다.

─ 하나씩 몰입

볼록렌즈로 초점을 정확히 맞춰 햇빛을 모아야 종이를 태울 수 있는 것처럼 멋진 결과를 원한다면 몰입해야 한다. 몰입해야 한 시간을 열 시간처럼 사용할 수 있기 때문이다. 도서실에서 10시간 내내 앉아 있어도 당신의 의식이 다른 곳에 가 있다면 10시간을 학습한 것이 아니다. 당신의 몸만 도서실에 앉아 학습한 척만 하는 꼴이 된다. 결과적으로 보면 놀지도 못하고 학습한 것도 아닌 것이 된다. 놀 때 놀고 학습할 때 학습하라는 말은 당신이 있는 곳에서 하고 있는 일에 철저히 몰입하라는 말이다. 놀면서 시험을 걱정하고, 시험을 준비하며 노는 생각을 하면 죽도 밥도 안 된다. 당신이 가지고 있는 많은 관심거리를 하나로 모아 주어야 한다. 이것저것 산만하게 벌려만 놓지 말고 하나씩 몰입해 나가야 한다.

─ 당신 안에 존재하고 있는 또 다른 당신의 조언

아무리 복잡하고 어려운 문제라도 가장 적절하고 효과적인 해결 방법은 당신 안에 있다. 내면의 소리에 문제의 핵심과 해결책이 들어 있는 것이다. 당신 안에 존재하고 있는 또 다른 당신의 조언을 귀담아 듣고 실행으로 옮기면 놀랍게도 조용하던 가슴이 뛰기 시작하고, 식었던 열정은 다시 뜨거워지며, 시끄러웠던 마음은 평온해질 것이다.

─ 포부와 열망

임무를 완수하기 위해 또는 목표를 달성하기 위해 열심히 노력하는 사람은 포부와 열망 없이 사는 사람보다 더 큰 행복감을 경험한다는 많은 연구 결과를 접하게 된다. 목표는 삶의 목적을 더욱더 분명하게 하고, 자부심을 북돋우며, 온전한 자기 자신으로 존재하도록 돕는다. 목표 달성을 위해 한발 한발 나아가는 과정을 통해 삶의 의미를 찾도록 노력하자.

─ 이메일은 에너지와 집중력이 떨어지는 오후에

만약 당신이 아침형 인간이라면 아침에 이메일을 가지고 시간을 낭비하는 것보다 당신의 100% 집중이 필요한 중요하고 시급한 프로젝트나 학습을 하는 것이 현명하다. 이메일은 에너지와 집중력이 떨어지는 오후에 열어봐도 무방하다.

― 전체의 숲

당장 앞에 있는 나무만 보고 동서남북을 가늠하는 건 위험하다. 문제가 발생한 후 그 문제를 풀어야 할 때, 거시적인 관점에서 문제를 조명해 볼 수 있어야 한다. 작은 그림보다는 큰 그림을 그리며 1년 후, 10년 후를 내다보아야 한다. 지금 고통스럽고, 심각하다고 느끼는 문제 대부분은 의외로 사소하고, 시간이 지나면 저절로 해결되는 것이 많다. 높이 올라가 전체의 숲을 보면 동서남북을 가늠하기 훨씬 수월해진다. 아무리 복잡하고 시끄러운 도시라도 산 정상에서 바라보면 평온하다. 당황하지 말고 높은 곳에서 문제를 재조명해 보자.

― 당신은 당신일 뿐

당신은 앓고 있는 병이 아니다. 은행계좌에 있는 돈도 아니고, 과거도 아니며, 직책도 아니다. 당신은 스펙이 아니고, 토익점수도 아니다. 학점도 아니고 대학도 아니다. 당신은 패배자도 아니고 약자도 아니다. 당신은 당신일 뿐. 이미 있는 그대로 가장 존귀하고 소중한 존재다. 당신은 행복이고, 기쁨이며, 사랑이다. 온전하고 진정한 당신을 다른 것과 분명히 구분해야 한다.

— 중심에 서 있는 사람

수많은 사람 중에 가장 중요한 사람은 과연 누구인가? 누구를 위해 열심히 살아야 하고, 누구를 위해 큰 꿈과 뜨거운 열정을 가져야 하는가? 지구에 사는 7,244,385,700명의 (U.S. Department of Commerce 2015년 5월 20일 기준) 사람 속에 누가 당당히 중심에 서 있어야 하는가?

— 삶이라는 이야기의 작가

책 쓰는 작가처럼 삶이라는 이야기를 써 내려가는 당신 역시 작가다. 스토리를 어떻게 써 내려가는가에 따라 당신이 주연이 될 수도 있고, 조연이 될 수도 있으며, 엑스트라가 될 수도 있다. 당신의 이야기가 아름답고, 신나고, 재미있고, 즐거울 수 있도록 하루하루 최선의 노력을 다해야 한다.

― 진정한 나의 발견

 자신이 누구인지 잘 알아야 한다. 나 자신에게 지대한 관심을 가지고 자신을 알기 위해 많은 노력을 해야 한다. 내가 누구인지 모르면서 타인을 아는 것이 과연 무슨 소용이 있을까? 도구를 제대로 사용하기 위해서는 사용 방법을 잘 알아야 한다. 당신이 가지고 있는 최고의 도구는 바로 당신 자신이다. 꿈을 실현하고, 사랑을 실천하며, 목적을 달성하기 위한 수단과 방법의 주체자는 바로 당신이다. 숙련공은 도구의 쓰임새와 기능을 잘 알기 때문에 도구를 능수능란하게 사용한다. 당신은 어떠한가? 최고의 도구인 자기 자신을 능수능란하게 사용하고 있는가? 50%만 사용하면서 100%를 사용하고 있다고 착각하는 건 아닌가? "나"를 제외한 그 모든 것에만 관심을 가지지 말고 지금부터라도 "나"에게 관심을 갖도록 한다. 모든 인간은 공평하게 단한 번의 기회를 가지고 이 세상에 태어난다. 그리고 태어나는 순간부터 쉬지 않고 죽음을 향해 달려간다. 우리는 영원히 사는 것이 아니라 선물처럼 주어진 소중한 시간만큼 만 삶을 영위한다. 나는 누구고, 그런 나는 과연 어디에 있고, 어디를 향해 가고 있는 것인가? 인생은 자기 자신을 찾아가는 기나긴 여정이다. 진정한 나를 발견하는 것, 그리고 내 삶의 주인으로 행복하게 사는 것이야말로 삶의 우선순위에서 가장 중요시되어야 하지 않을까?

— 편안함과 타협하지 않는 용기

변화보다는 변혁을 추구해야 한다. 어떤 것을 조금만 바꾸어도 변화라고 말한다. 그러나 완전하게 바꾸려면 변혁해야 한다. 원점으로 돌아갈 확률이 높은 미약하고 소극적인 변화보, 지금 당신에게 필요한 것은, 이름 석 자를 뺀 나머지 모두를 완전히 바꾸는 변혁이다. 변혁은 편안함과 타협하지 않는 용기를 필요로 하고 필연적으로 고통을 수반하기 때문에 쉽게 이루어지지 않지만 자신의 삶에 관심을 가지고 면밀히 들여다본다면, 변혁의 선행 조건인 회개와 자기 성찰이 이루어진다면, 지금까지 가지고 있던 안일한 태도와 잘못된 방식을 과감히 버릴 용기가 있다면, 변혁은 반드시 일어날 수밖에 없다. "나"를 포장하고 있는 가식과 거짓을 모두 벗어 던지고, 진실한 "나"와 대면할 때 변혁은 시작된다.

— 당신이 처해 있는 환경은 변혁을 가로막는 장애물이 될 수 없다

성장하기 위해서 변혁은 반드시 필요하다. 꾸준한 성장이 없기 때문에 삶이 무기력해지는 것이다. 교만과 알맹이 없는 겉치레, 허세, 오만 따위를 버리는 순간 내가 지금 무엇을 해야 하는지가 눈앞에 선명히 나타난다. 내가 처해 있는 환경은 변혁을 가로막는 장애물이 될 수 없다. 행동의 합리화, 자기방어, 견고한 고정관념, 변혁에 대한 회피로 가득한 나의 태도가 극복해야 할 대상인 것이다.

— 당신은 승리하기 위해 태어났다

사회적으로 합의된 가치와 성공에 대한 기준의 압박에서 자유로운 사람은 그리 많지 않다. 사회는 당신에게 남보다 더 똑똑하라고, 성과를 내라고, 자기관리에 철저하라고, 아름다워지라고, 많은 인기를 얻으라고, 외국어에 능통하라고, 높은 학점을 유지하라고, 스펙을 쌓으라고 요구한다. 그런 사회적 요구에 부응하기 위해 사람들은 저마다 많은 노력을 하고 있지만 이에 따른 부작용으로 삶은 점점 힘들어진다. 멀어진 행복을 다시 찾기 위해 안간힘을 쓴다. 이런 상황에서 삶이 당신을 어떻게 대하든지 절대로 패배자 또는 실패자라는 의식에 사로잡혀서는 안 된다. 부상을 당하면 당할수록 자기 자신을 더욱 사랑해야 하며 철저하게 당신이 낮은 자존감을 가지고 살아가는 사람으로 전락하는 것을 방지해야 한다. 당신이 끝이라고 인정하고 받아들여야 누가 봐도 경기가 끝난다. 흔들리고, 유린되고, 파괴당하고, 넘어지고, 기만되고, 밀리고, 당겨지고, 여기저기로 끌려다니고, 누가 봐도 경기가 끝난 것처럼 보이더라도 당신이 끝이라고 인정하지 않는한 경기는 계속 진행된다. 당신은 패배하기 위해 태어나지 않았다.

— 비워야 채울 수 있다

당신이 컵이라고 가정해 보자. 그런데 그 컵이 오물로 가득 차 있다면? 모든 사람은 각기 다른 컵이다. 크기가 다르고 모양도 다르다. 어떤 컵은 화려하지만 어떤 컵은 수수하다. 어떤 컵은 담을 수 있는 용량이 크지만 어떤 컵은 작다. 당신이 어떤 크기와 모양의 컵이든 간에 꼭 기억해야 할 것이 있다. 그 컵이 목적에 맞게 사용되고 활용되기 위해선, 먼저 가득 차 있는 오물을 버려야 한다는 것이다. 무엇으로 채울지 고민하기보다 먼저 비워야 한다. 비워야 채울 수 있기 때문이다. 비운 다음 해야 할 일은 무엇일까? 오물이 가득 차 있던 컵에 바로 물을 담아 마실 수는 없다. 사막 한가운데에서 오아시스를 발견했다 하더라도 그 더러운 컵에 물을 담아 마실 수는 없다. 컵이 컵의 목적에 맞게 사용되고 활용되기 위해서는 가득 차 있는 오물을 모두 버리고 컵을 깨끗이 닦아야 한다. 컵이 비워져 있고 깨끗해야만 사용될 수 있다. 그래야 물을 담아 당신도 마시고 다른 사람에게도 줄 수 있다. 머릿속의 오물을 다 비워야 한다. 당신을 사로잡고 있는 잡생각을 모두 버리고 당신에게 가장 소중하고 가치 있는 것을 선택하여 담아야 한다. 그리고 그것에 집중한다. 마음을 비우고 깨끗이 정화하여 언제라도 당신이 원래의 목적에 맞게 사용되고 활용될 수 있도록 만반의 준비를 다 한다. 당신의 마음을 오염시키고 있는 문제의 근원을 찾아 없애야 한다. 오염된 상태로는 자기 자신을 포함하여 다른 사람에게 어떠한 도움도 되지 못하기 때문이다.

— 지평 융합

철학자 가다머(Gadamer)는 두 대화 상대자 서로의 지평이 만나 하나로 융합되는 것을 지평 융합(Fusion of Horizon)이라고 말한다. 진정한 이해를 위해서는 과거와 현재, 익숙한 것과 생소한 것, 나와 너 사이에서 융합이 이루어져야 한다. 진정한 융합이 이루어지면 사람은 변한다. 변하지 않으면 융합되지 않았다는 증거이고 지평의 융합 없이 이해는 있을 수 없다. 이해를 통해 말과 행동은 바뀌게 되고 융합 후의 눈, 코, 입, 귀는 더 이상 예전의 눈, 코, 입, 귀가 아니다. 당신은 자기 자신을 대화의 장에 활짝 열어 놓아 끊임없이 지평을 융합해 나가야 한다. 끊임없이 대화하고, 상황을 객관적으로 관찰하며, 질문과 대화를 통해 지평을 융합해 나갈 때 깊은 성찰이 가능하고 지혜가 생기게 된다.

― 준비된 상태

학생의 70% 정도는 미리 읽고 와야 하는 책을 읽지 않고 수업에 임한다는 설문조사 결과를 접한 적이 있다. 그만큼 준비가 안 된 상태로 수업을 듣는 학생이 많다는 말이다. 몇몇 학생은 책을 읽는 것과 학점을 잘 받는 것은 서로 상관이 없다고 생각한다. 과제, 리포트, 팀 프로젝트, 시험은 학점에 영향을 주지만 책은 읽든지 안 읽든지 점수에 영향을 미치지 않는다고 생각하기 때문에 중요하게 여기지 않는다. 그런데 정말 그럴까? 책을 읽어 오지 않은 학생 대부분은 수업 내용을 이해하는 데 많은 어려움을 겪는다. 학생이 잘 이해하지 못하기 때문에, 교수자 역시 수업을 진행할 때 많은 어려움을 겪는다. 교수자는 학생이 책을 읽어 왔다고 가정하고 강의를 할 수밖에 없다. 책에는 당신이 미리 알고 있어야 하는 사전지식(용어의 정의, 콘셉트 설명 등)이 가득하다. 준비된 상태로 수업을 들어야 원하는 학점을 받을 수 있지 않을까?

― MOOC

강의를 단순히 LMS^{Learning Management System}에 올려 학생들이 다시 볼 수 있도록 한 OCW^{Open Course Ware}가 지고 있는 태양이라면, MOOC^{Massive Open Online Course}는 떠오르는 태양임이 분명하다. 무크의 등장은 온라인 교육에 혁신을 가져다주었다고 긍정적으로 평가되고 있으며, 실제로 대학 교육에 크고 작은 영향을 미치고 있다.

현재 전 세계 대학이 너도나도 무크 개발을 하고 있으며, 무크를 제공하는 플랫폼 업체도 폭발적으로 늘어가는 추세다. 대표적인 무크 제공 업체는 아래와 같다.

No	제공자	웹사이트	본부
1	EdX	www.edx.org	USA
2	Coursera	www.coursera.org	USA
3	Udacity	www.udacity.com	USA
4	Futurelearn	www.futurelearn.com	UK
5	Khan Academy	www.khanacademy.org	USA

― MOOC의 특징

• 인터넷과 접속만 가능하다면 전 세계 어디서나 양질의 교육 콘텐츠를 접할 수 있다.

• 교수와 학생간, 학생과 학생간 상호작용을(Discussion과 Peer Review) 통해 배움이 일어난다.

- 다양한 생각, 경험, 의견을 가진 전 세계 사람들과 영어로 소통할 좋은 기회다.
- 무료다.
- 편리한 시간과 장소에서 학습이 가능하다.
- 관심분야의 다양한 콘텐츠들이 많이 준비되어 있고 소정의 비용을 내면 수료증(Verified Certificate)도 받을 수 있다.
- 유명한 석학들의 수업자료를(PPT, 연구논문, 진단지, 기사) 손쉽게 다운로드 받을 수 있다.

─ 자기계발을 위한 MOOC의 활용

관심이 가는 분야와 흥미를 따라가는 것은 자기계발과 진로설정에 많은 도움이 된다. MOOC는 4주~8주간의 미니 수업이나 다름없다. 시험과 퀴즈를 봐야 하고, 과제를 기안 내 제출해야 하며, 필요에 따라 동료 평가를 수행해야 한다. 우수한 강의를 들으며 학습하는 것은 결국 자신을 위한 가장 확실한 투자가 된다. 학교에서 수강하고 있는 강의에 MOOC를 추가하여 배움의 폭을 넓혀 나가도록 한다.

― 저자의 전공 선택 이유

대학교 때 나는 심리학을 전공했다. 심리학을 전공으로 선택하였던 이유는 많은 수업 중에 심리학 과목이 제일 재미있고 흥미로웠기 때문이었다. 군대를 제대하고 대학원 때는 상담심리학을 전공했다. 그 당시 나는 세상을 좀 더 나은 곳으로 만들고 싶었다. 정신적으로 병들고 도움의 손길이 필요한 사람들을 치유해 주고 어루만져 준다면 내가 원하는 세상이 이루어질 거라고 생각했었다. 석사 학위를 받기 위해 난 일년간 미국 San Francisco General Hospital에 본부를 두고 있는 비영리 단체인 Asian Perinatal Advocates에서 Marriage and Family Therapist 인턴으로 일했다. 다양한 문제와 이슈를 가진 사람들을 상담해 주다 보니 한 사람 한 사람 치유하며 세상을 바꾸는 것보다 큰 조직을 변화시켜 세상을 바꾸는 것이 더 효율적이고 임팩트[Impact]가 클 거란 생각이 들어 박사학위는 Organization and Leadership을 전공으로 선택하였다.

나는 교육학 박사다. 미국에서 대학교 다닐 때 난 학사 경고를 두 번이나 받고 퇴학 위기에 놓인 적이 있다. 당시 막연한 꿈이였던 의사가 되고자 내가 좋아하고 흥미롭게 느꼈던 전공이 무엇인지 깊이 생각하지도 않고 생물학을 중심으로 수강신청을 하였으나 참담한 결과만을 접하게 될 뿐이었다. 성적은 추락하기 시작했고 학교생활과 전공에 대한 흥미를 빠르게 잃어버리기 시작했다. 수업을 빼먹기 일쑤였고 정서적으로는 불안정하고 유학생활 전반에 대한 불만도 높아져만 갔다.

16살에 미국으로 떠나기 전 나는 두 가지 이루고 싶은 꿈이 있었다. 헐리우드 영화를 자막 없이 보고 싶었고 박사 학위를 받고 싶었다. 영어를 모국어처럼 사용하여 세계 각국의 학생들과 어깨를 나란히 하며 마음껏 학습해 보고 싶었다. 그들과 함께 의견을 주고받으며 서로 배우고 가르치는 것이 멋있어 보였기 때문이다. 결과적으로 나는 두 가지 꿈을 모두 이루고 한국으로 돌아왔다. 지금 돌아보면 아무것도 아닌 즐거운 추억이 가득한 삶으로 느껴지지만, 유학 당시 크고 작은 어려움이 많았던 건 사실이다.

깊은 성찰의 필요성

대학교 때 막연하게 가지고 있던 꿈을 이루기 위해 전공을 생물학$^{Pre-Med}$으로 선택한 것이 모든 문제의 시작이었다. 내가 무엇을 잘하고, 어떤 분야에 흥미를 가지고 있으며, 내가 무엇을 좋아하는지 잘 모르는 상태에서 내가 되고 싶은 직업에 맞춰 전공을 선택한 것이었다. 꿈을 위해 지금 힘들더라도 모든 걸 견뎌내야 한다는 강박관념에 사로잡혀 성적이 잘 안 나와도 참고 견뎌내려 노력했지만 현실은 냉혹했다. 학교로부터 학사경고를 두 번이나 받고 퇴학을 눈앞에 둔 시점에 난 어려운 결정을 해야 했다. 꿈을 접고 한국으로 돌아가느냐 아니면 마지막 남은 기회를 잡아 다시 한 번 시도해야 하느냐의 기로에 서서 말이다.

　난 받을 수 있는 도움은 모두 받기로 마음을 단단히 먹고 학교에 있는 Academy Support Center에 찾아갔다. Academy Support Center는 도움이 필요한 학생들에게 원스톱 서비스를 제공해주는 기관이었다. 나를 담당하는 어드바이저가 지정되었고 그로부터 글쓰기센터, 학생상담센터, 과외를 받을 수 있는 튜터까지 소개를 받았고 학기 시작 전 수강 신청 안내부터 학습 목표 설정 및 전략까지 학업성취도에 영향을 미칠 수 있는 모든 부분을 이야기하며 실질적인 도움을 많이 받았다. 동시에 나는 전에는 생각해 보지 않았던 나는 누구이고, 무엇을 해야 하며,

한 번 주어진 소중한 삶에서 어떤 의미와 가치를 찾아야 하는지에 대해 진지한 고민과 성찰을 하기 시작했다. 지금 감당해야 하는 학습이 나의 꿈, 미래, 그리고 삶 전반에 어떻게 연결되는지 찾는 것이 중요하다는 것을 늦었지만 새롭게 깨닫게 되었다.

내가 가지고 있던 많은 질문에 대한 답들을 쉽게 찾는 것은 불가능하였으나 전에는 물어보지도 않고 관심도 없었던 나 자신과 내 삶에 대하여 의미 있고 솔직 담백한 이야기를 나 자신과 함께 계속해 나갔다. 동시에 글쓰기 센터에 가서 작성한 모든 에세이를 점검받고, 상담자와 지속적으로 상담을 하며, 튜터와 함께 어려운 과목들을 같이 공부하며 학습에 대한 이해도를 높여 나갔다. 교양수업으로 한번 해볼까 라고 무작정 시작했던 심리학개론에서 나의 관심사와 흥미가 인간과 동물의 행동이나 정신과정에 대한 다양한 질문의 답을 찾는 과학에 있다는 것을 발견하고 전공을 심리학으로 바꾸게 이르렀고 성적은 다시 오르기 시작하였다.

당시 심리학을 공부하면 배고프지 않겠냐는 부모님의 우려를 무시하고 철저하게 나의 삶은 주인인 내가 판단하고 결정한다는 마음으로 주도적인 삶을 살기 위해 노력하고 실천해 나갔다. 관심이 끌리고 내가 흥미를 느끼는 분야가 무엇인지 적극적으로 찾아내려고 촉을 바짝 세웠다. 이런 절박하고 절실한 노력의 결과는 오르는 성적으로 확인되었고 대학생활은 다시 즐거움으로 채워지기 시작했다. 비록 높은 점수로 졸업하지는 못하였지만 나는 군 생활을 무사히 마치고 다시 대학원으로 진학하여 수석으로 졸업하였고 박사학위까지 도전하여 내가 원하는 꿈을 모두 이루게 되었다. 지금은 할리우드 영화를 자막 없이 볼 수 있고 박사학위를 받아 내가 하고 있는 일에 자부심을 가지며 즐거운 삶을 보내고 있다. 그 당시에는 힘들고 어려웠지만 지금 생각해 보면 그 시절이 더없이 그립고 감사하고 소중할 뿐이다.

〈표1〉 학교에 다니는 이유

당신이 학교에 다니며 학습하는 5개의 중요한 이유를(취업하기 위해서라는 이유는 제외하고) 생각한 후 작성해 본다.

No	축복	성취	재능/특성
1			
2			
3			
4			
5			

〈표2〉 감사 리스트

감사해야 하는 당신의 크고 작은 축복, 성취, 재능이나 특성을 생각해 본 후 작성해 본다.

No	축복	성취	재능/특성
1			
2			
3			
4			
5			
6			

〈표3〉 특별한 경험 리스트

돈을 주고도 살 수 없는 특이하고 소중한 당신의 경험을 떠올려 본 후 제일 기억에 남는 순서대로 작성해 본다.

1.

2.

3.

4.

5.

6.

7.

8.

9.

10.

<표4> 나와의 약속

당신 자신과 약속하고 싶은 것이 무엇인지 그리고 그 이유는 무엇인지 곰곰이 생각해 본 후 중요한 순서대로 작성해 본다.

No	약속 내용	이유
1		
2		
3		
4		
5		
6		

〈표5〉 소망 바구니

당신이 바라는 모든 것을 소망 바구니 안에 넣어 본다. 그다음 소망하는 모든 것이 이루기 위해 당신은 지금 무엇을 해야 하는지 중요한 순서대로 작성해 본다.

No	소망하는 것	소망을 이루기 위해 당신이 해야 할 일
1		
2		
3		
4		
5		
6		

〈표6〉 버킷리스트

졸업하기 전에 하고 싶은 일을 학기별로 나누어 작성해 본다.

학년	내용	기안	비고
1학년 1학기			
1학년 2학기			
2학년 1학기			
2학년 2학기			
3학년 1학기			
3학년 2학기			
4학년 1학기			
4학년 2학기			

2% 부족한 당신의 학습전략을 아름답게 완성시켜줄

자기주도학습의
기술

초판 1쇄   2015년 11월 01일

지은이   이종호
발행인   김재홍
디자인   박선경, 박상아, 이슬기
마케팅   이연실

발행처   도서출판 지식공감
등록번호   제396-2012-000018호
주소   경기도 고양시 일산동구 견달산로225번길 112
전화   02-3141-2700
팩스   02-322-3089
홈페이지   www.bookdaum.com

가격   13,000원
ISBN   979-11-5622-120-3 03370

CIP제어번호   CIP2015026213
이 도서의 국립중앙도서관 출판도서목록(CIP)은 서지정보유통지원시스템
홈페이지(http://seoji.nl.go.kr)와 국가자료공동목록시스템(http://www.
nl.go.kr/kolisnet)에서 이용하실 수 있습니다.